乡村旅游资源开发与利用研究

宋　飞◎著

吉林人民出版社

图书在版编目 (CIP) 数据

乡村旅游资源开发与利用研究 / 宋飞著 . -- 长春：
吉林人民出版社 , 2022.9
ISBN 978-7-206-19594-5

Ⅰ . ①乡… Ⅱ . ①宋… Ⅲ . ①乡村旅游 – 旅游资源开
发 – 研究 – 中国 Ⅳ . ① F592.3

中国版本图书馆 CIP 数据核字 (2022) 第 205794 号

乡村旅游资源开发与利用研究

XIANGCUN LÜYOU ZIYUAN KAIFA YU LIYONG YANJIU

著　　者：宋　飞
责任编辑：王　丹　　　　　　　　　　封面设计：史海燕
吉林人民出版社出版 发行（长春市人民大街 7548 号）　邮政编码：130022
印　　刷：石家庄汇展印刷有限公司
开　　本：710mm × 1000mm　　　1/16
印　　张：7.25　　　　　　　　　字　　数：130 千字
标准书号：ISBN 978-7-206-19594-5
版　　次：2022 年 9 月第 1 版　　　印　　次：2022 年 9 月第 1 次印刷
定　　价：58.00 元

如发现印装质量问题，影响阅读，请与印刷厂联系调换。

旅游，是与人类历史相伴的、经过漫长发展过程而产生的一项休闲活动。在我国，自古就出现了旅游活动。时至今日，社会物质财富更为丰富，旅游也成为与每个人紧密相连的社会活动。

乡村旅游，作为旅游活动中的一项特殊层面的活动，自 20 世纪开始进入我国学界的研究范畴。在此之前，西方已经有不少国家有了发展乡村旅游的历史和经验。从 20 世纪 80 年代起，我国开始正式发展乡村旅游，这在一定程度上带动了我国部分乡村的经济发展，为乡村的产业结构转型提供了新的可靠路径。

党中央站在历史的高度，对于我国乡村旅游的发展与改革提出了正确的论断，并强调在保护生态的前提下开发、建设和利用乡村旅游资源，要严格杜绝资源浪费与环境破坏的行为，这对我国乡村旅游的发展提出了更高的要求，并对其进行严格的规范与约束。同时，发展乡村旅游与我国的乡村振兴战略也具有密不可分的联系。乡村振兴是党提出的一项重大战略，推动乡村旅游资源的开发，促进乡村旅游在具有一定资源的乡村中不断发展，有助于拉动乡村经济建设，提升乡村居民的生活质量，是实现乡村振兴战略的有力"推手"。在党中央的号召下，有关部门深入贯彻落实有关政策，对乡村旅游的相关活动下了大力气，使我国乡村旅游在规范化的进程中向前迈出了一大步。

本书以乡村旅游为核心，对其进行全面研究与探讨。主要内容包括乡村旅游概述；我国乡村旅游资源开发；乡村旅游资源开发与利用的理论基础；乡村旅游资源开发与利用的创新发展路径；我国未来乡村旅游资源开发与利用展望。力图由乡村旅游的基本概念和相关内容入手，抽丝剥茧，逐层深入，探寻我国乡村旅游的创新路径，以助力乡村旅游事业在可以预见的未来不断推进，使我国乡村振兴的伟大战略真正成为现实。

第一章　乡村旅游概述

第一节 乡村旅游的相关概念

一、乡村的内涵

乡村，按照常规的理解，是相对于城镇而言的地区，是指乡村地区人类各种形式的居住场所，一般包括村落、乡村聚落等。

关于乡村的定义，可以从古人的记载与解释中寻找答案。"乡村"这一词汇古已有之，较早见于南北朝时期。

南北朝时期著名山水诗人谢灵运在其《石室山诗》中说道："乡村绝闻见，樵苏限风霄。"唐代诗人韩愈也在《论变盐法事宜状》中说道："平叔又请乡村去州县远处，令所由将盐就村粜易。"此外，其他文献中也有关于"乡村"一词的记载，如《谙目五》《儒林外史》等。

到了近代社会，随着学科的不断完善，学者对于词汇的定义也越发科学。以美国学者罗德菲尔德为代表的部分外国学者认为，乡村是人口稀少，比较隔绝，以农业生产为主要经济基础，人们生活基本相似，而与社会其他部分，特别是城市有所不同的地方。在《辞源》一书中，"乡村"又被定义为主要从事农业、人口分布较城镇分散的地方。

可见，无论是美国学者罗德菲尔德，还是《辞源》，都对乡村进行了界定，虽然有所不同，但都认为乡村是以农业为主要产业、人口较为稀少的地区。

综上所述，乡村应当具有如下几个特征：

第一，乡村的人口密度一定要比较低，要与城镇形成明显的差异；

第二，乡村可以发展多种产业，如旅游业、制造业等，但是，要以农业为主要产业；

第三，乡村中居民的生活方式基本相似，不具备较为明显的差别。

乡村需要文化的滋养。如果只是对城市进行建设，而忽视乡村发展，那么整个社会的和谐文明指数就无法得到显著提升。所以，如何全面提升乡村的发展水平，是各级政府都要思考的问题。

二、旅游的内涵

旅游，是大众喜闻乐见的一项休闲娱乐活动。近年来，随着社会经济发展水平的不断提高，人们对于精神文明方面的需求也随之提升，旅游活动也与日俱增。

可见，旅游与我们每个人的日常生活息息相关，每个人在学习与工作之余，都有或多或少的旅游体验，但是，旅游的概念到底是什么，却并不是一个容易回答的问题。

（一）旅游的定义

旅游，简单来说是人们从事旅行、游览的活动，是人们的一种精神文化生活方式。

在我国古代就已出现"旅游"二字，如《悲哉行》《涧底寒松赋》《异闻总录》等。这时，旅游与当代旅游的概念还有所不同，但是，大致也是表示一种游览活动。例如，《悲哉行》中有云："旅游媚年春，年春媚游人。"

此外，我国古代的"旅游"在某些时候也表示长期寄居他乡的一种生活状态。例如，清朝陆以湉的《冷庐杂识·孔宥函司马》中的"廿载邗江路，行吟动值秋……旅游复何事，飘泊问沙鸥"就是表明一种漂泊他乡的生活状态。

进入近代以后，学者们对旅游有了更多的研究，不同国家的学者也得出了不同的定义。有些学者认为，旅游是在一定的社会经济基础条件下产生的社会经济现象，是一种以游览为主要目的的活动；有些学者认为，旅游的重点在于精神层面的享受，即使没有充足的经济基础，且并未在空间上发生明显的变化，只要引起心境的变化，也可以视为旅游。

随着时代的发展，有学者认为，旅游是人们离开长期居住的地区，前往其他地区进行短暂停留，并进行一系列的活动。这时，旅游的定义与当代旅游的定义有了一些相似的部分，但仍有所不同。

直到 1991 年 6 月，世界旅游组织在加拿大召开了"旅游统计国际大会"，会上对旅游进行了重新定义。四年后，该定义在经过相关部门层层审核之后被推广使用，即"旅游是人们为了特定的目的而离开他们通常的环境，前往某些地方并做短暂停留（不超过一年）的活动，其主要目的不是要从访问地获得任何经济收益。"[①] 可见，旅游是一种外出活动，时间为一年之内，并且不应把经济利益作为主要目标，重点应在于放松和休闲。

（二）旅游的特征

根据旅游的定义，我们可以从中总结和归纳出旅游的基本特征。旅游的特征主要包括短暂性、异地性、休闲性、消费性、社会性等（如图 1-1 所示）。

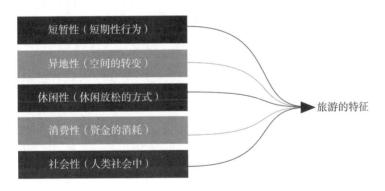

图 1-1　旅游的特征

1. 短暂性

旅游是一种短期性的行为，如果时间过长，那么，就会与旅游的定义和旅游的初衷相违背。旅游是发生在个体人生中某一时间段的特殊行为，按照旅游组织的定义，旅游在时间上可以是一日的活动，也可以是多日甚至半年的活动，但不能是超过一年的活动。

---

① 　陈艳珍. 旅游文化 [M]. 北京：北京理工大学出版社，2017：3.

2. 异地性

旅游必须伴随着空间的转换，任何人都无法在同一场所进行旅游，必须前往区别于自身长时间生活与工作的空间，即脱离自己惯常的生活环境，尝试全新的生活环境与生活方式。只有这样，才能获得全新的体验与感受。这也是旅游的魅力之所在。

3. 休闲性

旅游是一种休闲的生活方式，任何旅游活动都不应存在明确的、功利性的、谋生的目的，而应当是观光、游览、欣赏、度假等多种休闲方式的综合，以此构成旅游的休闲性。

4. 消费性

旅游的消费性主要体现在两个方面，一方面，旅游是对金钱财力的消耗，旅游者必须要在旅游前准备充足的资金，否则就无法支持旅游活动的消耗，无法完成一次完整的旅游；另一方面，旅游也是对旅游者体力的消耗，旅游者充沛的精力、充足的体力，是旅游活动正常进行的保障。

5. 社会性

旅游虽然是一种个人行为，但它的进行离不开人类社会，因此，旅游具有社会性。其社会性表现为：

第一，旅游只能发生在人类社会之中，或者虽然旅游的最终目的地可能不处于社会中，但是人们进行旅游时所运用的手段与方法均来源于社会，如个人的森林探险、野外求生等。

第二，旅游并不是单一个体进行的个别行为，而是普遍存在于人类社会中的，并且随着人们生活水平的不断提高与社会生产力水平的不断提升，愈发大众化和社会化的一种行为。

三、乡村旅游的内涵

乡村旅游，简言之，就是在乡村之中的旅游活动。具体来讲，乡村旅游包含乡村与旅游两方面的内容，所以既包含乡村的特征，也包含旅游的特征。

（一）乡村旅游的定义

乡村旅游是 20 世纪之后才逐渐兴起的，许多学者从不同的角度出发，对其进行了定义，多数定义以乡村和旅游的定义为基础。由于乡村旅游与一般的旅游不同，其具有多维性与复杂性。

1. 国内学者对乡村旅游的界定

国内学者对乡村旅游的研究，则更多的是从我国的实际情况和基本国情出发，虽然也是众说纷纭，但是，更加贴合实际。

杨旭、杜江、向萍、郭焕成、金颖若、周玲强等人均对乡村旅游进行了定义。

杨旭是较早提出乡村旅游概念的，他认为，乡村旅游"是以农业生物资源、农业经济资源、乡村社会资源所构成的立体景观为对象的旅游活动"。[①]

杜江、向萍认为，"乡村旅游是以乡野农村的风光和活动为吸引物，以都市居民为目标市场，以满足旅游者娱乐、求知、回归自然等方面需求为目的的一种旅游方式"。[②]

郭焕成认为："乡村旅游是在乡村地域内，利用乡村自然环境、田园景观、农村牧渔业生产、农耕文化、民俗文化、古镇村落、农家生活等资源条件，通过科学规划、开发与设计，为城市人群提供观光、休闲、度假、体验、娱乐、健身的一种新的旅游经营活动。它既包括乡村农业观光旅游，又包括乡村民俗文化旅游、休闲度假旅游、民俗旅游、自然生态旅游等方面，是一项区别于城市旅游，具有地域性、乡土性和综合性的新型旅游业。"[③]

金颖若、周玲强指出："乡村旅游是发生在乡村地区的，以乡村自然景观和乡村人文现象为吸引物的，主要由当地居民经营的，不过多依

① 杨旭. "乡村旅游"势在必行 [J]. 旅游学刊，1992（2）：38-41.

② 杜江，向萍. 关于乡村旅游可持续发展的思考 [J]. 旅游学刊，1999（1）：15-18.

③ 郭焕成. 发展乡村旅游业，支援新农村建设 [J]. 旅游学刊，2016（3）：6-7.

赖专用服务设施的旅游活动。"①

除了上述学者之外，还有一些学者提出其他观点，在此不再一一赘述。

2010 年，中国农业农村部、国家旅游局在《农业农村部、国家旅游局关于开展全国休闲农业与乡村旅游示范县和全国休闲农业示范点创建活动的意见》中对乡村旅游的概念做了如下界定：乡村旅游是以农业生产、农民生活、农村风貌以及人文遗迹、民俗风情为旅游吸引物，以城市居民为主要客源市场，以满足旅游者乡村观光、度假、休闲等需求的旅游产业形态。

总之，乡村旅游是一种在乡村进行，以乡村的生态、民俗、农事等乡村特色活动为主的旅游活动。当前，人们长期生活在快节奏的大城市之中，城市的生活方式、生活环境与乡村形成强烈反差，进行乡村旅游，能够使人们感受到与以往完全不同的新鲜感与放松感。所以，乡村旅游以其特有的田园风情与民风民俗吸引着越来越多的游客。

2. 国外学者对乡村旅游的界定

西方学术界关于乡村旅游的界定主要有如下几种。第一种，认为乡村旅游就是农场主或农户为旅游者提供餐饮、住宿等基本条件，旅游者可在其经营范围内的农场、牧场等具有农村典型特征的自然环境中进行各种娱乐、休闲、度假等活动的一种旅游形式。第二种，认为乡村旅游是一个涉及几个层面的旅游活动。其中，体验传统文化的民俗活动是其中的"重头戏"。第三种，则认为乡村旅游就是简单的发生在乡村的旅游活动。综上，可以看出西方学界对于乡村旅游的界定莫衷一是，尚未有明确的定论。

（二）乡村旅游的特征

乡村旅游具有旅游活动的基本特征，如短暂性、休闲性、社会性等，同时，还具有乡村旅游的具体特征，如乡村性、益贫性、可持续性。下

① 金颖若，周玲强. 东西部比较视野下的乡村旅游发展研究 [M]. 北京：中国社会科学出版社，2011：23.

面主要介绍乡村旅游的具体特征。

1. 乡村性

乡村性是乡村旅游最主要的特征，具体体现在以下三个方面。

（1）乡村旅游文化的多样性。我国疆域辽阔、地大物博、资源丰富、文化浓厚，这使得我国不同地区存在着极为明显的气候差异与风俗差异。例如，我国东北地区的农村为了应对严寒的气候，人们喜欢用大缸小缸腌制酸菜，以保存蔬菜。久而久之，酸菜就成为东北地区美食的典型代表；江西一带每逢春季百花盛开，黄灿灿的油菜花与灰白色的徽派建筑相得益彰，蔚为壮观；福建一带的农家土楼建筑也堪称一绝，其建筑结构精妙，世间罕有。可见，不同乡村的文化存在明显的多样性与差异性。

（2）乡村旅游文化的时间性。即使在同一片区域乃至同一个乡村，其旅游资源也可能随着季节与时间的推移而发生变化；不同地区，在同一季节也可展现出不同的景观。例如，江西婺源油菜花盛开之时，河北顺平大量的桃花开放；林芝桃花盛开时，洛阳牡丹争相怒放。

（3）乡村旅游文化的体验性。一般的观光旅游以观看、欣赏为主要环节，如桂林山水旅游，人们泛舟于湖上，会站在船上观看山山水水的景色；在黄山旅游，则是登上黄山顶峰"光明顶"或"天都峰"，体会"一览众山小"的感觉，欣赏祖国的大好河山。

同样是观光，乡村旅游的内容有着明显的不同。它具有显著的体验性、参与性、互动性。"在观光农业园中，游客可以参与农业生产的全过程，在果农的指导下，进行施肥、灌溉、除草、剪枝、套袋、采摘等农活体验。游客也可以上山采果挖笋，下海捕鱼捞虾，学习当地传统食物（如酿酒）、传统工艺（如剪纸）的制作技术，以此更好地深入体验农民的生活，了解农村真实的生活状态，融入当地的乡情民意，而不是作为一个纯粹的欣赏风景的匆匆过客。"[①]

2. 益贫性

益贫性指乡村旅游带动乡村落后地区致富的特性。众所周知，旅游

---

① 史云，张锐.乡村旅游经营与管理[M].石家庄：河北科学技术出版社，2017：5.

具有消费性，旅游不以经济收益为目的，主要是为了放松、娱乐、休闲。人们前往乡村进行旅游，其消费行为无疑会增加当地参与旅游服务的农民的收入，会拉动当地经济的增长。例如，我国四川山地众多，沟壑纵横，许多乡村受限于地理条件，经济较为落后，人们生活比较困苦。然而，凡事都具有两面性，山地与沟壑也赋予了乡村与其他地区不同的独特景观。四川阆中周边的乡村就是通过发展乡村旅游而致富的典型。在党和政府的领导下，以及当地人民的密切配合之下，阆中地区摇身一变，发展成为规模较大的凤舞天宫乡村旅游度假区。距离阆中市区13公里的飞凤镇桥亭村曾十分贫困，如今已经是集休闲度假、养老养生、庭院采摘、农家厨房等多功能于一体的高端民宿度假区。一到周末和节假日，特色民宿院落备受欢迎。如今，凤舞天宫度假区的核心景点天宫院被列为省级文物保护单位，包括综合文化主题商业步行街区、风水田园景观区、河岸景观带、生态停车场等。主题商业街内业态丰富，产品多样，按功能划分为住宿区、特色餐饮区、小吃美食区、休闲娱乐区、产品展销区、活动区，街区内环境优美、设施完备，是广大游客休闲度假的理想场所。

3. 可持续性

乡村旅游不仅有助于提高当地的经济发展水平，能够带领当地的村民走向致富之路，还能使乡村的整体环境得到明显改善，提高村民素质，提升村民幸福指数，促进乡村旅游产业持续发展，所以具有明显的可持续性。例如，采摘旅游能够为农户带来经济收入，农户为了持续吸引游客，就会科学种植，而科学种植又有利于实现人与自然的和谐共处。这种和谐共处提升了游客的旅游体验，游客也会更加文明地采摘、游玩，保护田园生态环境，从而形成人与自然和谐共生的良性循环。

（三）乡村旅游的内容

乡村旅游的活动内容与一般的旅游活动一样，包括"吃""住""行""游""购""娱"六个方面。

1. "吃"

饮食在任何时候都是人们生活的主题，在乡村旅游中当然也不例外。

在乡村中，不仅要吃饱，还要吃当地的农家特色食品，甚至观赏农家食品的制作与烹饪过程，这具有独特的乐趣。

　　游客可以在乡村的饮食过程中，了解和体验乡村与城市饮食的不同之处。例如，游客通过参与蔬菜的采摘，感受生命力的强大；通过进行田间劳作，感受食物的来之不易；通过体验馒头的蒸制，感受物质转变的乐趣。所以，乡村旅游的"吃"不是单纯地满足食欲的生理活动，而是包含了极为丰富的体验乐趣。

　　2. "住"

　　"住"是乡村旅游增收的重要环节。如果能够吸引游客在乡村住宿，那么就不仅能够使游客深入体验乡村的生活习俗，还能够更多地提升当地的经济收入。

　　在乡村旅游的住宿设施中，连锁酒店并不常见，往往以当地村民的农家院为主，兼有乡村气息浓郁的民宿。相比于连锁酒店，农家院不仅具有当地乡村特色，还具有浓郁的乡土气息。

　　乡村旅游的住宿水平必须要提升，安全卫生是农村住宿的首要保证，环境优美、文化氛围浓厚和创意独特是民宿彰显特色的重要内容。要整治好民宿区域周边的环境，致力于突出当地的特色，以更好地满足游客的审美需求、度假需求。另外，住宿设施的建设与完善应该考虑与出行服务相搭配。例如，有些农家院会为游客提供出行导览与出行班车服务，这极大地提升了游客出行的便利性，有助于当地旅游业增值服务的进一步发展与完善。

　　3. "行"

　　在乡村旅游活动中，"行"是必不可少的一环。一般的乡村交通不够发达，一些能够在市区中正常行驶的车辆，可能无法在乡间田野行驶，所以乡村旅游要在道路建设上和特殊交通规划上下一番功夫。当游客在乡村中惬意地游玩时，可以不必担心车辆的安全行驶问题，不必担心目的地的抵达性问题，不必担心交通体验的新奇性问题，这也是提升乡村旅游体验水平的必要环节。

4."游"

"游"，就是游览、观赏。在乡村中，人们可以游览的区域和景观不一而足。在人们固有的视角下，乡村旅游的资源只是一些山野农田、河流湖泊、果园菜园等，主要就是一些尚未开发的农家田园景观。但是，真正的乡村旅游包含了十分丰富的旅游资源与体验项目。游客可以在乡村聚落、乡村民间、乡村梯田、乡村果园乃至民俗活动之中，获得十分新奇的旅游体验。

5."购"

乡村旅游中有许多值得购买的特殊商品。例如，乡村土特产，包括现摘的水果、新鲜的有机蔬菜、传统养殖的家畜等，具有乡村特色的手工制品和各种纪念品，具有非遗印记的文创产品。可见，在乡村旅游中，人们也可以享受购物的乐趣，乡村旅游以其丰富多彩的商品带给游客新奇的购物体验。

6."娱"

"娱"，也就是娱乐，乡村的节庆、婚嫁、民俗等活动具有较强的娱乐功能。因此，挖掘、包装、打造乡村丰富的风情民俗活动，使之更具有参与性、体验性、娱乐性，也是提升乡村旅游品质的关键点。

第二节　乡村旅游的意义

一、乡村旅游对于农村的意义

乡村旅游，表明旅游的主要场所就是乡村，旅游的各种基本要素都集中于乡村地区，乡村旅游的发展必然对新农村建设具有极为重要的意义。

（一）有助于促进农村经济发展

早在原始社会时期，人们为了保障基本的生存条件，就聚集在一起，逐水草，居巢穴。后来，人们在特定的区域开始有了耕种土地与蓄养牲畜的分工，久而久之，早期的村庄便逐渐形成了。

在漫长的历史岁月中，我国的农村发展经历了较大的变化，有时受到统治阶级的重视，如统治者对农村的居民颁布一些休养生息的政令。但是，有时也会受到一些特权阶级的打压。中华人民共和国成立之后，中国共产党深刻认识到农民与农村对于国家的繁荣与发展的重要意义，并为之进行了诸多的改革。例如，1949 年至 1952 年，全国绝大部分农村进行土地改革，1953 年至 1957 年，农民加入合作社。

如今，我国的农村已经改变了曾经的落后模样，呈现出新农村的面貌。在旅游行业取得极大发展的今天，发展乡村旅游，有助于进一步拉动农村经济的发展。

乡村旅游可以为农村吸引大量的外来游客，这些外来游客进入乡村，他们的衣、食、住、行都要在农村中解决，所以就必然要在农村中进行日常消费。同时，游客也会依据自己的需要，购买当地的土特产。那么，农民要结合当地的特色，为游客提供颇具乡村气息的产品，如陕西周至县的猕猴桃、陕西富平县的柿饼、石家庄赵县的雪花梨等。这不仅可以实现农副产品的售卖、农民收入的提高，还是对乡村的整体营销，有利于提高乡村的知名度。

（二）有助于推动农村精神文明建设

农村精神文明建设是整个社会主义精神文明建设的重要组成部分，它既关系到"三农"问题的彻底解决，也直接影响着社会主义和谐社会的构建。而乡村旅游可以为农村精神文明建设提供强有力的支持：一方面，乡村旅游中主体与客体的互动可以提高农村居民的整体文化水平。城市旅游者在旅游过程中，将他们的语言、着装、物品带到了乡村，对农民相应的习俗会产生影响，也让农民接触到更多的新事物，丰富了农民的文化生活。当然，城市旅游者的消费习惯、娱乐方式、文化观念也对农民起到了示范效应，丰富了农民的精神文化生活，使农民的文化观念、文化素质也随之发生变化，积极的示范效应必然会提高农村的精神文明；

另一方面，乡村旅游可以增强农民的环保意识。整洁的村容村貌是发展乡村旅游的基础条件，这一基础条件对农村精神文明建设也有积极的影响。如果乡村的环境优美、卫生整洁，那么旅游者就会络绎不绝地前往。游客越多，农民的收益越高；收益越高，就会有越多的注入吸引到旅游开发和建设中来。这里的建设包括乡村环境的建设和文化的建设，这样，农民的精神文明也就越来越丰富。而这良性循环的形成源于农民对于环境的保护。为了吸引游客，农民会自觉投身到环境保护与美化的队伍中，自觉担当环保义务宣传员，其环保意识也会逐渐增强。在这样优美的环境里，旅游者也会自觉地约束自己的行为，体现自己的文明素养，游客的示范效应再次增强了农民的环保意识。

（三）有助于吸收农村剩余劳动力

发展乡村旅游，需要在当地建设各种旅游基础设施和服务设施，在建设过程中需要大量的青壮年劳动力；这些设施建好后，还要进行正常运营，也需要大量人员提供服务工作和维护工作。这都为当地农民的就业提供了众多的机会，稳定了农村社会，提高了农民收入。

（四）有助于保护和传承特色文化

对我国的诸多乡村而言，其较为重视传统文化的传承。时至今日，许多农村地区还保留着各种传统生活习俗、文化事象。这些传统生活习俗、文化事象是发展乡村旅游的重要资源，也是吸引游客的重要因素。例如，山西省吕梁市兴县蔡家会镇狮子洼村仍然保留着每年农历正月的人口平安古会。在平安古会期间，参与人数高达800人，热闹非常，颇具地域特色。古会上，各种活动竞相登场，包括扭秧歌、唱大戏、转九曲等，节日氛围浓厚。再如，河北省保定市徐水县的乡镇经常在节庆之日开展舞龙舞狮表演，人们能够在观赏表演的过程中，感悟舞龙舞狮民俗文化的魅力。

可见，农村中仍然留存的传统特色文化，能够以乡村旅游这一活动为媒介，得到更加广泛和更加长久的保护与传承。如果乡村的传统特色文化因为保护不力而出现文化空缺，那么乡村旅游就失去了灵魂，难以有质的提高。

二、乡村旅游对于旅游者的意义

发展乡村旅游，有助于丰富旅游者的业余生活。在当代社会，虽然经济水平显著提高，但是人们的生活节奏越来越快，生活压力也逐渐增大，许多城市的年轻人希望在业余时间到一个比较安静的休闲场所释放压力，而乡村旅游恰好满足了他们的这一需求。人们进行乡村旅游时，能够得到与城市旅游完全不同的体验感与舒适感。在乡村中，没有城市林立的高楼，没有城市的汽笛声，也没有城市中纷繁复杂的人际关系，有的是青山绿水和田园风光，有的是淳朴的民风和简朴的生活。游客身处轻松的环境中，放慢生活节奏，体验乡村文化，既丰富了自身的阅历，又充实了自己的精神境界。例如，陕西省咸阳市礼泉县袁家村虽然具有一定的历史渊源，却并不为外人知晓。近些年，袁家村火了起来，许多游客前往这座古村落进行游览。在游览过程中，人们逐渐了解了袁家村的"前世今生"，了解到作为原始文化遗址的袁家村的文化底蕴。这种旅游方式极大地丰富和充实了旅游者的精神世界，丰富了旅游者的业余生活。

三、乡村旅游对于旅游业的意义

在 21 世纪之前，乡村旅游并未发展起来。如今，乡村旅游已经成为我国旅游行业的重要内容，在旅游业中占据着极为重要的地位。所以，乡村旅游与旅游业如同局部与总体、个体与群体的关系，相互影响、相互促进。如果乡村旅游发展得快，对整体旅游业的发展无疑就能起到促进作用。如果乡村旅游无法得到应有的发展，那么国内旅游行业的发展就将受到阻碍。近年来，近郊的乡村旅游更能有效满足旅游者的需求，促进旅游行业的稳步发展。

乡村旅游是依托农村区域的优美环境、自然景观、乡土建筑、民俗文化等资源，在传统的农村休闲游和农业体验游的基础上，拓展开发疗养度假、商务会务、休闲娱乐等项目的新兴旅游方式，发展乡村旅游有利于整个旅游业的业态升级以及产品的广阔性和持续性发展。另外，乡村旅游的发展，推动了城市周边短线旅游的繁荣。

第三节　乡村旅游的发展历程

一、我国古代乡村旅游

关于乡村旅游的起源，可以分为古代乡村旅游与现代乡村旅游两个方面。古代乡村旅游源自我国，而现代乡村旅游源自西方，接下来分别对其进行论述。

在古代，我国人民的生产方式是小农经济，人们习惯"面朝黄土背朝天"地踏实劳作，久而久之，形成一种内向型思维方式。在内向型思维的影响下，人们注重家庭，在文学艺术的表现上也较为内敛。由此，人们在外出游玩上也更倾向于选择人烟稀少、地域空旷的郊外。旅游者希望在旅游活动中得到内心的宁静与安稳，于是远离世俗的旅游方式——"郊游"开始出现。

据史料记载，先秦时期，我国已经出现了乡村旅游。《管子·小问》有："桓公放春，三月观于野"，这记录了当时作为春秋五霸之一的齐桓公在郊外乡村出游的内容。《国风·郑风》有："出其东门，有女如云。"这是说，出了新郑的东门，映入眼帘的都是花枝招展、婀娜多姿的郊游女子。可见，这一时期除了王公贵族喜欢郊游外，平民百姓也喜欢郊游。

魏晋南北朝是我国历史上的文化大发展时期，虽然国家遭遇北方游牧民族的入侵，国家整体的军事实力不强，但是对文化领域的管控较为宽松，人们有充分的闲暇时间。这一时期，众多的文人雅士寄情山水，把理想寄托在山水之间。"竹林七贤"常常游山玩水，并抒发情怀。东晋名士王羲之也热衷于郊游，曾与友人共同相聚于会稽山阴的兰亭，并留下《兰亭序》。

谢灵运也热爱郊游，他不仅寄情于山水，还将郊外美景作为文学创作的重要素材，开创了中国文学史上的山水诗派。据说，谢灵运还有一套专门用于郊游的行头，即"谢公屐"。

唐朝，我国进入继汉朝之后的第二个繁华盛世。这一时期，郊游成为许多贵族热衷的事情。中唐时期，这一情况影响到唐朝社会的各个阶层。杜甫的古诗则深刻体现了唐朝郊游的情景："三月三日天气新，长安水边多丽人"。目前人们熟知的许多西安的景区，都曾是唐朝人们郊游的首选，如曲江、渭河等。

宋明清时期，我国文化领域取得了进一步的发展，这时，我国社会的城镇化趋势十分明显，许多曾经的郊区成为市区。人们在闲暇的时候，希望调节生活，于是，越来越多的人加入"郊游大军"。北宋画家张择端的著名画作《清明上河图》中，就有清明时节人们在汴河踏青郊游的景象。

总之，我国自古便已出现大量的郊游活动，最初由统治阶级带头，之后随着社会的包容性逐渐提升，越来越多的平民也都愿意去乡间游玩。

二、我国现代乡村旅游

现代乡村旅游起源于法国，主要是以亲近自然、回归田园作为主要的游览方式。

（一）中国现代乡村旅游的起源

我国现代乡村旅游大致从 20 世纪 80 年代起步，至今已经走过了大约 40 个年头。在这 40 年中，我国乡村旅游取得了较大成绩，越来越多的人愿意前往乡村旅游，乡村的经济水平和精神文明建设也获得显著提升。

在西方部分国家现代乡村旅游建设的影响下，我国初步开始现代乡村旅游尝试的是我国四川省成都市（现郫都区）农科村的徐家大院。这是中国乡村旅游起步的标志。

徐家大院为"中国第一家农家乐"，以为花卉购买者提供食宿服务为主营业务。整个大院由川西特色的农家平房与仿古小楼构成，青瓦白墙，花木葱茏。院内共栽有 60 多个花木品种，主要品种有铁脚、娃娃松、金弹子、银杏、桂花等，被誉为"鲜花盛开的村庄，没有围墙的公园"。

（二）中国现代乡村旅游的全面发展

1998 年，第一届国际乡村旅游研讨会在西班牙举行。该研讨会深入探讨和交流了各国对于开发乡村旅游资源与乡村建设方面的问题，并为我国之后的乡村旅游发展指明了方向。这"意味着乡村旅游正成为一种普遍的旅游现象并正式进入国家视野，从而掀起了我国乡村旅游的热潮。在这一时期，采摘活动等初级体验类旅游产品盛行，涌现了一大批观光果园、观光花园和观光农场，乡村资源得到升级和综合利用"[①]。

1998 年之后，乡村旅游在全国范围内广泛开展起来（见表 1-1）。

表 1-1　近年我国乡村旅游发展政策

年份	政策
2001 年	国家旅游局把推进工业旅游、农业旅游列为本年工作重点，并在全国推行农业旅游示范点。
2003 年	十六届三中全会提出了"五个统筹"，并把"统筹城乡发展"放在"五个统筹"的首位。
2005 年	国家旅游局公布首批全国工农业旅游 306 个示范点名单。
2006 年	国家旅游局确定"2007 中国和谐城乡游"主题，并提出"新农村、新旅游、新体验、新风尚"的口号。
2007 年	国家旅游局继续坚持 2006 年制定的旅游主体，并下发大力推进乡村旅游的通知，进一步推进乡村旅游的建设
2008 年	十七届三中全会审议通过《中共中央关于推进农村改革发展若干重大问题的决定》，要求把建设社会主义新农村作为战略任务
2010 年	农业部、国家旅游局培育全国休闲农业与乡村旅游示范县和休闲农业示范点
2011 年	中共中央、国务院印发《中国农村扶贫开发纲要（2011-2020 年）》
2013 年	国务院印发《关于创新机制扎实推进农村扶贫开发工作的意见》
2015 年	国务院办公厅印发《关于加快转变农业发展方式的意见》

---

① 史云，张锐. 乡村旅游经营与管理 [M]. 石家庄：河北科学技术出版社，2017：8.

续　表

年份	政策
2017 年	国家发展改革委等 14 部门印发《促进乡村旅游发展提质升级行动方案》，农业部（现农业农村部）印发《关于推动落实休闲农业和乡村旅游发展政策的通知》。
2018 年	中共中央、国务院印发《乡村振兴战略规划（2018—2022 年）》。
2020 年	农业农村部印发《社会资本投资农业农村指引》。

　　进入 21 世纪的第一个十年，在我国各部门的支持下，我国的乡村旅游事业进入了崭新的阶段，最具代表性的标志，即乡村旅游正在从单纯的观光旅游向观光、休闲、康养、度假融合的方向转变。

　　在这一阶段，我国乡村旅游迎来了大量的投资。乡村旅游目的地的基础设施建设水准进一步提升，各种民俗活动的开发、民间庙会等乡村节庆活动的推介、地方文化历史的挖掘、乡村空间和景观的美化及营造等具有地方特色的乡村旅游产品不断涌现。

　　总之，我国乡村旅游的特色更加突出，乡村旅游产品也将融入更多的中国传统文化、农耕文化、古镇文化、体验文化。

　　（三）我国现代乡村旅游的现状

　　早期，我国乡村旅游仅为农家乐、采摘等形式，如今已经发展为包含多种类型、内容极为丰富的旅游方式（见表 1-2）。

表 1-2　我国乡村旅游的类别

主要类别	具体类别	基本内容
乡村体验类	采摘	采摘果蔬（葡萄、草莓园）
	农场	农场、农科、农趣、农艺
	农家乐	农家、烧烤、庄园、山庄

主要类别	具体类别	基本内容
乡村文化类	民宿村型	民宿、节庆、风情
	古村古镇	古村、古镇、古建筑、古民居
	特色村镇	参观、研究、考察
	文创博物馆	参观、体验、购买
生态乡村类	田园风光	花海、花田、梯田
	生态风光	森林、峡谷、高山、湖泊、湿地
	乡村风光	公园
户外活动类	绿道	乡镇绿道
	漂流	峡谷漂流、竹筏漂流
	户外基地	野营基地、登山基地
康养、度假类	康养	中医疗养、健身疗养、学院式养老
	度假	滨海度假、温泉度假、森林度假
红色旅游类	红色旅游	遗迹参观、精神体验

通过上表可以看出，我国乡村旅游的活动种类越发多样，个性也越来越突出，从单一链条向全产业链发展，乡村旅游点也在向乡村旅游集聚区（带）转变，乡村旅游取得的成效日益突出。例如，贵州省遵义市播州区花茂村，建设了陶艺文化创意一条街、古法造纸特色商品馆等，将田园风光、红色文化、陶艺文化充实到乡村旅游的发展中。据统计，2020年，花茂村共接待游客102万人次，村民人均可支配收入达2.04万元，

实现了从贫困村到小康村的"蝶变"。再如，江西省井冈山市神山村充分利用"红""绿"资源优势，大力发展农家乐、红色体验、田园采摘等乡村旅游项目。经过多年努力，2019年，该村累计接待游客30余万人次，村民人均可支配收入达2.4万元，由此可见，我国乡村旅游的现状主要体现在以下两个方面。

1. 乡村旅游人数不断增加

21世纪的第二个十年中，我国旅游业和休闲业增幅较大。据统计，2012年至2019年8年间，我国休闲农业与乡村旅游人数不断增加。2015—2017年，我国乡村旅游人数占国内游人数的比重超过50%，至2018年达到30亿人次，占国内旅游人数的48.39%。

《全国乡村旅游发展监测报告（2019年上半年）》数据显示，2019年上半年，我国乡村旅游人数为15.1亿人次，同比增加10.2%；总收入为0.86万亿元，同比增加11.7%。截至2019年6月底，全国乡村旅游就业总人数为886万人，同比增加7.6%。

随着生活经济水平的日益提高，人们更加追求生活的高品质，更加趋向回归自然，追求精神享受，这将会极大地促进乡村旅游业的发展。越来越多的游客涌入乡村，带动了乡村餐饮、住宿、农产品加工、乡村交通运输、特色建筑、乡村文化等相关产业的发展。农民可以选择就近就业，更加推动了乡村旅游的发展。这种良好的发展趋势不仅可以吸引城市游客，还会将城市的资金和人才吸引到乡村，为乡村经济的发展带来资金支持和智力支持，乡村旅游的内容也会更加适应市场需求，发展模式会更加科学。

2. 乡村旅游新政策不断出台

随着时代的不断发展，我国城镇化的脚步不断加快，国内的乡村面积逐渐缩减，可以说，人们对于宁静、恬淡的乡村生活有了越来越强烈的向往。同时，为了缩小城乡之间经济发展的差距，为了让乡村旅游业带动乡村走上致富之路，党中央和国务院对此给予高度重视。

2015年，国务院办公厅印发《关于进一步促进旅游投资和消费的若干意见》（以下简称《意见》）。《意见》指出，旅游业是我国经济社会发展的综合性产业，是国民经济和现代服务业的重要组成部分。《意见》提出6方面、26条具体措施，"实施乡村旅游提升计划，开拓旅游消费空间"是其中的第四条，发展乡村旅游要坚持其个性化、特色化发展方向，要完善休闲农业和乡村旅游配套设施，开展各种乡村旅游活动，大力推进乡村旅游建设，通过改革创新促进旅游投资和消费工作。

2018年9月，中共中央、国务院印发了《乡村振兴战略规划（2018—2022年）》。该规划按照产业兴旺、生态宜居、乡风文明、治理有效、生活富裕的总要求，部署了一系列重大工程、重大计划、重大行动。到2020年乡村振兴的制度框架和政策体系基本形成，到2022年乡村振兴的制度框架和政策体系初步健全。在规划的第五篇第十六章中提出：顺应城乡居民消费拓展升级趋势，结合各地资源禀赋，深入发掘农业农村的生态涵养、休闲观光、文化体验、健康养老等多种功能和多重价值。这充分肯定了乡村旅游对于"发掘新功能、新价值"的重要性。

2019年2月，中央发布一号文件《中共中央 国务院关于坚持农业农村优先发展做好"三农"工作的若干意见》，文件重点涉及了乡村振兴、发展、治理和乡村产业发展。

2020年7月，我国农业农村部印发《全国乡村产业发展规划（2020—2025年）》（以下简称《规划》）。《规划》指出，产业兴旺是乡村振兴的重点，是解决农村一切问题的前提。乡村产业内涵丰富、类型多样，农产品加工业提升农业价值，乡村特色产业拓宽产业门类，休闲农业拓展农业功能，乡村新型服务业丰富业态类型，是提升农业、繁荣农村、富裕农民的产业。乡村休闲旅游业是农业功能拓展、乡村价值发掘、业态类型创新的新产业，横跨一二三产业，兼容生产生活生态，融通工农城乡，发展前景广阔。这一《规划》对于我国乡村旅游的发展现状做出了科学规划，优化了乡村休闲旅游业的发展格局。

2021年2月，《中共中央 国务院关于全面推进乡村振兴加快农业农村现代化的意见》对优先发展农业农村、全面推进乡村振兴做出总体部署，为乡村旅游发展指明了方向。构建现代乡村产业体系、推进农业绿色发展、推进现代农业经营体系建设、加强乡村公共基础设施建设、实施农村人居环境整治提升五年行动、提升农村基本公共服务水平等措施加快乡村旅游的提质升级。

2022 年 2 月，《中共中央 国务院关于做好 2022 年全面推进乡村振兴重点工作的意见》（以下简称《意见》）明确指出：聚焦产业，促进乡村发展，持续推进农村一二三产业融合发展，大力发展县域富民产业，促进农民就地就近就业创业，推进农业农村绿色发展；扎实稳妥推进乡村建设，接续实施农村人居环境整治提升五年行动，扎实开展重点领域农村基础设施建设；突出实效，改进乡村治理，创新农村精神文明建设平台载体，切实维护农村社会平安稳定；奋力开创全面推进乡村振兴新局面。这一《意见》更加强调乡村振兴、乡村旅游都要从各地实际出发，尊重乡村发展规律，用更加成熟定型的制度，稳扎稳打推进乡村发展。

第四节　乡村旅游的发展趋势

一、乡村旅游产业化发展趋势

20 世纪末，我国的乡村旅游才刚刚出现，当时，乡村旅游不够完善，甚至在许多学者看来，这时的乡村旅游还不能算得上是一种产业。这时，绝大多数所谓的乡村旅游，就是城市人前往乡村，找一片空旷的地方，进行野餐；或者是到山村中吃一顿农家饭，进入果园进行采摘，仅此而已。这一时期的乡村旅游也没有实现产业化，更像是农民与外来人员的简单交易。

进入 21 世纪，我国的经济实力日益雄厚，各项产业在此基础上进入了快速发展期，它们同时带动了国内旅游业的升温。加之，近年来党中央多次强调乡村振兴战略，要求把乡村建设落实到位，农业农村部等相关部门也越来越重视乡村旅游的开发，所以乡村旅游取得较快发展。

随着城市化进程的不断加快，我国城市居民开始对节假日的休闲活动有了更高的要求，之前人们的压力较小，工作之余选择在家里休息，如今人们收入越来越高，与之相伴的压力也越来越大，在工作之余想要寻找一个人口密度相对较小、能够放松身心的地方，乡村旅游在这样的背景下得到快速发展。

"作为农村经济增长的重要组成部分，乡村旅游呈现出产业化特点，传统以个体农户自主经营的旅游产业转变成为由专业经营者组织的契约性经营模式，呈现出横向一体化集群发展态势，促进了产业链条功能的完善。"① 近年来，乡村旅游已经实现了由最初的个体户形式向产业化发展的转变，这不仅使乡村旅游更加正式化、程式化，还为乡村的各项建设与开发注入了更多的活力。

二、乡村旅游多元化发展趋势

最初，乡村旅游的形式较为单一，仅为乡村体验类项目，如采摘、农场种植、农家乐等。后来乡村旅游不断发展，如今乡村旅游已经不仅仅是一种休闲和观光活动，而是集多种活动、多种特点于一体的文化、娱乐、休闲、康养项目。同时，乡村旅游还被赋予了经济、社会、文化功能，成为大众在休闲时间放松身心的重要途径。例如，河北省承德市承德县西部有一座名为新杖子的村落，该村以苹果产业闻名于世，先后荣获"承德市最具特色旅游乡村""承德市农家休闲旅游示范乡镇""河北省果品专业乡"等荣誉。早期，新杖子只是发展农副产品，以苹果为主要产品，人们来这里旅游，一般就是观赏田园风光，品尝农家饭菜，或者选购一些优质的苹果。如今，新杖子为了扩大影响力，已经建起了全面配套的特色农家院与山地度假酒店，"花果小镇"更是该景区中的一朵奇葩，吸引了大量的周边游客前来游玩。可见，新杖子镇旅游业正

① 汪洋，朱建佳等.冬奥会背景下旅游城市秦皇岛市的体育健身景观规划设计 [J].河北科技师范学院学报，2020（3）：80-84.

在朝着多元化的方向发展，已经由曾经的采摘发展为集采摘、度假、休闲于一体的生态体系。新杖子镇的旅游经营模式获得了较大的成功，乡村的经济水平也有了明显提升。按照这种模式发展除了要有地区特色之外，也要致力于打造更加多元化的乡村旅游产业链。但是，开发需要根据乡村经济发展的实际情况，结合当地的自然风光、乡土风俗、农业种植、畜牧养殖、手工技艺等，开发具有本地乡村特色的农业休闲、观光、体验旅游项目。

三、乡村旅游智慧化发展趋势

进入 21 世纪，信息技术成为时代的主题，信息技术以其高效性、便捷性、智能性等特征，成为人们乐于使用的新技术与新手段。如今，信息技术已经广泛应用于社会的各个领域，渗透于人们的衣、食、住、行各个方面，旅游当然也不例外。

近年来，基于信息技术平台打造的智慧旅游在我国开展得如火如荼，成为当前旅游业不容忽视的新趋势。乡村旅游作为旅游业新的增长点，结合信息技术，打造智慧乡村旅游，是响应乡村振兴战略、缩小贫富差距、发展乡村旅游的重要方向。

智慧化已经是大势所趋，一方面，有关部门对于信息化平台设施已经给予高度关注，并将"加快推进宽带网络向村庄延伸，推进提速降费"，"实施数字乡村战略"；另一方面，国家积极鼓励游客前去乡村旅游。2021 年，文化和旅游部联合国家发展改革委推出乡村旅游学习体验线路300 条，吸引游客在游山玩水中助力乡村振兴。可见，政策的指向与游客的需求都表明，乡村旅游将会在未来有更广阔的发展平台，其智慧化程度也将越来越高。

第五节　乡村旅游与三次产业融合发展

为了不断推进乡村旅游与三次产业的融合步伐，并有效推动农业供给侧结构性改革，有关部门从实际出发，根据不同乡村的实际情况，由当地政府制定切实可行的策略，真正助推以绿色发展为导向的乡村振兴建设。

一、乡村旅游与第一产业的融合

近年来，国家发布了诸多促进乡村旅游的文件以及关于乡村旅游与其他产业融合的声明。有关部门强调：推进农村一二三产业融合发展，增加农民收入，必须延长农业产业链、提高农产品附加值；积极开发农业的多种功能，挖掘乡村的生态休闲、旅游观光、文化教育价值；加大对乡村旅游休闲基础设施建设的投入，增强线上线下营销能力，提高管理水平和服务质量；激活农村要素资源，增加农民财产性收入。乡村旅游与第一产业的融合，主要体现在以下几方面：

（一）打造亮点

在乡村旅游与第一产业的结合实践中，我们应当尽力去发现更多的卖点，找到游客最感兴趣的地方，并"聚焦"这一点，根据游客的喜好进行产品"定制"。例如，游客喜欢乡村中的田园风光，那么就要加强田园景色的规划，包括树木栽培、景观规划等一系列措施。浙江省安吉县在这一点上表现卓越。谈到安吉，人们都知道这是我国较为出名的一个美丽乡村，其自然风光独特，气候宜人。每逢节假日，周边的城市居民常常前往该处旅游。事实上，安吉也曾针对游客的喜好做出过转型，是其挖掘卖点的一次成功尝试。从前，这里主要的产业是烧制石灰，大量的石灰由安吉运往周边地区。安吉虽然富裕了，但是其生态环境恶化严重，"村村点火，户户冒烟"是其生活写照。后来，当地政府发现安吉具有一定的自然资源优势，于2001年提出"生态立县"的发展战略，鼓励发展休闲旅游。到2018年，安吉县的生态环境得到恢复，乡村道路进行了硬化，村庄路灯做了亮化，生活垃圾得到有效处理，污水得到了净化，乡村经济发展的基本硬件设施配备齐全，村村旧貌换新颜。其中，鲁家村用"公司＋村集体＋家庭农场"的模式打造了18个家庭农场，实现了现代农业、休闲旅游和田园社区合为一体的"田园鲁家综合体"。安吉县在建设美丽乡村时处于长三角城镇化较快发展的阶段，催生了大量的乡村旅游新需求。如今，不仅上海人、浙江人喜欢到安吉旅游，许多北方人也为了一睹其"真容"而不远千里来到此处，这极大地促进了当地休闲农业与乡村旅游产业的发展。

（二）保留乡土气息

有些游客来到乡村旅游，主要是为了逃离大城市的喧嚣，希望在宁静的乡村和旷野间尽情呼吸新鲜空气，放松身心，以缓解城市生活给人们心理所造成的压力。可是，有些乡村在开发自身旅游资源时，却走上了模仿城市的道路。他们仿照城市，充分在土地上做文章，建起了高楼大厦、特色商业街、古文化街，失去了吸引游客的"庄户"田园、"庄户"劳动、"庄户"小院，这种开发模式失去了乡村本色，同质化严重。所以，在进行乡村旅游资源开发时，要明确一点，绝大多数来乡村旅游的人，都是为了寻找其内心的那种乡情、乡味、乡趣。

在发展休闲农业时，政府、投资者和开发者要遵循乡村发展规律，保留农村的符号、农村的元素。在保留农村符号的同时，适当融入现代化的元素，包括更加完善的配套设施和服务设施、富有创意的乡村体验项目、智慧化的管理体制等，以给游客更优质、更便捷的休闲农业服务与体验，让游客体验到曾经的乡村、乡味，而且现在的乡村和乡味更人性化、智慧化，乡村旅游也就产生更大的吸引力，使游客成为本村的回头客，甚至是忠实游客。

（三）以需求促生产

适应游客消费的新需求，可以推动乡村旅游的高质量发展，带动农民增收，促进乡村生产发展。传统农业是从生产角度出发，难以满足日益多样化的消费市场。游客的到来让农民发现了消费需求的动向，发现了市场的变化，为了使自己的生产获得更多的收益，为了提高生活水平，农民当然希望改进传统的生产方式。这就意味着，农业需要与都市产业相结合，农村需要现代化转型与重构。所以，这就要求农业必须跳出自身的小圈子，延伸到第二、第三产业中去。农业除了进行传统的粮食和畜禽的生产和加工外，还要进行生态环境、人类健康、美学欣赏、文化氛围、科技产品的打造，实现三大产业融合发展。这种融合发展主要体现在绿色农业、乡土产品、健康养生、劳动教育、文创科技等方面。

1. 绿色农业的需求

游客到乡村旅游，主要是为了追求乡村的"绿色"：绿色的山水、绿色的农田、绿色的食品、绿色的心情，使游客的生理、心理都得到满足。这些绿色是乡村旅游与第一产业的有机融合才能实现的。

2. 乡土产品的需求

农民生产的原生态的农副食品、乡土产品本身吸引游客进行体验和购买，农民的劳动得到了认可。可是，游客并不仅仅满足于原生态的乡土产品，他们在体验和购买时往往会讲"如果……就更好了"，也就是向农民提出了自己的需求，农民为了提高销售量，就会去按需生产。有些再生产甚至可以开发成旅游体验活动，这就丰富了游客的旅游感受。游客和农民之间的关系也就更加密切、更加彼此信任了。

3. 健康养生的需求

乡村相对幽静的环境、简单的人际关系、健康的食品本身就是一个健康养生之地。游客对于开发过了的乡村依然有健康养生的需求，那么乡村在环境美化上、饮食产品开发上、科技农产品的生产上都会尊重游客的这一需求，再次将乡村旅游融合到第一产业中来。

4. 劳动教育的需求

大自然是孩子最好的课堂和老师，是使孩子接受劳动教育最好的场景。孩子从事劳动所需要的特色课程、劳作工具、科技工具，都需要乡村生产或提供，这也在无形中对农民的文化素质提出了更高的要求，促使农民通过多种方式，先行将自己的农田劳作设计进课堂，再在短时间内教给孩子劳动技能，让孩子体验劳动的辛苦，学会尊重他人的劳动成果，学会感恩。

5. 文创科技的需求

长期在乡村生产生活的农民都有自己的农事生产习惯，例如，何时播种、何时浇灌、何时收割等，这些对游客是有吸引力的，但又不是游客随时来都可以体验的。乡村旅游开发者或者农民可以利用文创模式或者虚拟科技的方式将这些农事活动保存下来，使得游客可以随时体验。

二、乡村旅游与第二产业的融合发展

从传统农业转向农业加工或其他领域，是乡村旅游与第二产业融合发展的方向，主要包括以下几个方面：

（一）农产品深加工

除了对农产品进行基本的生产加工外，还要对其进行深加工；既要满足游客多样化购买的需求，又要满足他们对产品品质的需求。这就要求开发商和农户们先要保证农产品的质量与产量，然后要针对游客群体的不同喜好，制定不同的加工方向。同时，要充满发挥创造力，尽可能地为农产品赋予更多的创意，提高其附加值。

（二）农村的传统手工业

传统手工业是我国乡村中广为发展的一种产业方式。由于乡村对于传统文化和传统手工艺具有较强的延续性，因此，乡村中往往存在一些民间艺人，他们的技艺源于祖辈的传承，经过多年而未曾中断。在乡村旅游与第二产业的融合中，要发展传统手工业，帮扶这些民间艺人继续走传承技艺的路线,这样既能够凸显不同乡村的特性,又能够更好地吸引游客。目前,我国乡村的传统手工业主要包括手工纺织、手工刺绣、手工编织、手工制纸、手工剪纸、手工皮革制造、古法制糖、药材采集、手工陶器、打铁等。这些手工艺人可以将自己的艺术申请县级、市级、省级,甚至是国家级、世界级等不同等级的非物质文化遗产,使其产品具有较高的文化价值,游客更愿意购买。有些地区还对这种手工业进行创新性开发,邀请游客与手工艺人共同制作,能有效地提高游客的体验感。

(三)乡村建筑业

城市居民来到乡村旅游,不仅要享受乡村的自然风光,还要感受其人文气息。有些乡村旅游的开发者就抓住了游客的这些基本需求,转变思路,不仅在农活体验、采摘水果等方面进行乡村旅游资源开发,还想办法为游客打造一个闲适的空间和场所。同时,鉴于国家极力倡导低碳与环保理念,这些乡村还打造了一些既环保又有乡土特色的建筑或建筑景观,以提升乡村旅游的品质。例如,在乡村旅游中出现较早的农家乐,农民个人简单地在原始的农家房屋中增加一些就餐和夜间休息的设施,欠缺舒适性和安全性。如今新型的农家乐已经进入乡村度假农庄的阶段,农庄建筑的选址更加科学,建筑设计更加符合环境特点和功能需求,建筑配套设施让农庄充满温情和生活感。例如,成都崇州的竹艺村。崇州产竹,过去有着"家家有流水、户户有竹编"的盛况,竹编也成为一项国家级非物质文化遗产。在乡村旅游兴盛的今天,崇州竹艺村不大拆大建,不过度设计,保留原住房,目的是还原一个原生态的川西林盘与青瓦白墙的川西民居。一座融合非遗竹编文化和建筑景观设计先锋理念的"竹里"吸引了数不清的海内外游客前来游览,而竹里也不是孤建,在它旁边还建设了同样风格的民宿、体验工坊、乡村酒馆等,整个村落的建筑都非遗化了。

所以,在乡村旅游与第二产业的融合中,可以尝试进一步发展乡村建筑业,为游客打造更具乡土气息,兼具低碳环保特性的休闲场所。

三、乡村旅游与第三产业的融合发展

乡村旅游与第三产业的融合发展，可以通过多个渠道、多种方式来实现。

（一）信息互联网产业

20世纪90年代，人们看演出挥舞的是双手或荧光棒。如今在信息化时代，人们再看演出时，挥舞的是打开的手电筒或带闪光灯的手机。携带手机的每个人都是一个自媒体，游客欣赏到美景会拍照或录像，体验到有趣的事项就会拍照或录像，还会拍一段自己的感受。这些手机记录的资料大多会发到微博、朋友圈等社交媒体，分享给朋友或者素不相识的人。这是一个庞大的宣传群体，其见效快而又有说服力。对于旅游开发商来说，只需要花钱布好整个园区的Wi-Fi就可以，这个费用比广告费更有效。乡村旅游的智慧化发展本身也需要信息互联网产业的支持，因此，"互联网＋乡村旅游"是快车道。例如，江苏省苏州市昆山市周庄云谷田园是中国首个"物联网＋田园"智慧社区，园区内物联网生态中心、乡村文创、创客街区、田园公社、互动体验和田园生活融为一体，提升乡村发展新动力。智能手环、智能车充电桩、代入式的互动体验、农业物联技术、智能家居系统、动物直播间等，都依靠互联网和Wi-Fi的全覆盖。如果没有这一硬件，这个村落的所有设施都将成为摆设，又怎么能吸引到游客呢？

（二）文化创意产业

乡村旅游要满足众多游客的需求，就需要创新性发展，"文创＋乡村"旅游就是一种具有吸引力的模式。乡村旅游开发者就需要去挖掘本村落特定的文化和历史资源，例如，乡村故事、节庆活动、服装特色等，加入时尚元素，设计出创意产品和创意活动，吸引游客购买和参与活动。例如，浙江省湖州市德清县莫干山庾村1932文创园，是文创与乡村碰撞的产物，是中国第一个乡村文创园。它以旧蚕场为背景，打造了庾村文化市集蚕种场、古井花园、桑茧花园、萱草书屋、茧咖啡、茧舍、窑烧

面包坊、蚕宝宝乐园、自行车出租、求田问蒔、创意邮局等，既有乡土气息，又植入了时尚的文化元素，充满艺术气息，让游客感受到了不同年代的文艺范。

（三）休闲体验活动

乡村旅游的休闲体验活动是既简单而又多姿多彩的，沉重的农业生产活动不能直接搬到旅游体验中，否则旅游者难以承受，亲子游的家庭更难以承受，从而使其失去吸引力。简单、有趣、有成就感是休闲体验活动设计的原则。比如有些家庭农场，崇尚的就是简单生产的快乐，用创意去重组生产劳动，增加其体验性，吸引游客参与其中。这样游客既实现了乡村旅游的休闲、放松目的，又让自己体验了不同的生活，小孩子也接受了劳动教育。对于乡村旅游从业者来说将自己的农业生产知识进行系统化整理，教给游客，既提升了自身的成就感，也获得了相应的收入。比如，湖北武汉的"一心回乡生态农场"开发了多种"合家欢"亲子农事体验。其中有一项"神农识百草"的经典项目，家长陪同孩子在田地里寻找九种杂草，并对其进行科学认识，孩子还可以对这些"杂草"进行手工制作，或观察植物颜色的变化。这些活动充满创意，充满奥秘，使孩子们对自然产生探索的兴趣。

（四）公共管理和社会组织

乡村旅游的发展不能只靠政府资金，它需要大量社会资本的投入。社会资本要在保障农民利益的情况下得到最优利用，必须要依靠科学的公共管理组织和管理模式，使农民联合起来，加入乡村旅游的经营和管理中，提高乡村旅游的社区参与度。

农民专业合作组织与行业协会组织是乡村旅游发展中成立的主要社会组织，例如，"农家乐"协会、"农家乐"服务中心、"农家乐"联合社、旅游服务公司等。这些组织对以各种形式加入乡村旅游队伍的农户进行培训，统一接团、统一标准、统一价格，并实行监督。这样，原来分散的旅游供给形成了规模化、集群化，易于形成整体特色，捆绑开拓市场，利益联结紧密，能更好地满足游客多元化的需求。浙江省安吉县拥有"农家乐"服务中心、"故里炊烟"营销合作社等组织，对于管理和监督，可以起到有效的作用。

（五）乡村田园度假养老产业

一方面，传统养老产业已经不能满足市场的需求，城市的老年群体拥有一定的教育背景和充足的养老金，他们希望到乡村田园中欣赏田园美景，体验农耕文化，享受乡土乐趣，从而让自己的老年生活更有情趣；另一方面，随着城乡统筹各项改革的进一步深化，尤其是农村集体建设用地流转政策的进一步明晰，农村地区的土地利用将会迎来新的开发热潮，农村拥有最宜居的资源，如环境资源、景观资源、饮食资源、农耕活动资源，这是乡村田园度假养老开发建设的先决条件。

一二三产业融合发展是乡村振兴战略的主要抓手，我们要通过打造农业新业态、新模式，来延伸农业产业链，进而实现农业、农产品加工业、农村服务业的融合。未来，乡村旅游与三大产业融合的方式将成为乡村振兴战略的重要抓手。

第二章　我国乡村旅游资源开发

第一节　旅游资源的相关概念

一、旅游资源的内涵

旅游资源，是旅游业发展的物质条件，是开展旅游活动的基础，也是旅游规划的先决条件。研究和探寻旅游资源，对于我国旅游业的可持续发展、生态环境的保护、碳中和的实现乃至提升我国的国际竞争力都具有至关重要的作用。

（一）旅游资源的定义

旅游资源，其主体在于"资源"二字，因为还有"旅游"作为限定词，所以旅游资源既要具有资源的内涵，又要具有旅游的特征。下面，我们先对"资源"的定义进行探讨。

1. 资源

《辞海》中关于资源的解释是："可资利用的自然物质或人力"，也就是能够供人们开发和利用的物质来源。但是，也有学者认为这样的解释略显片面，对其进行适当的扩充，认为资源本来属于经济学的概念，后来随着学科交叉，人们对于资源的理解不断深入。

如今，资源指取之于自然的生产资料与生活资料，包括大自然与人类社会中客观存在的生产资料或生活资料。"例如，自然界中的煤炭资源、石油资源、水力资源、风力资源、森林资源、土地资源等，人类社会中的人力资源、技术资源、资本资源、文化资源、政治资源等。"[1] 可见，资源所涵盖的内容十分广泛，涉及人类社会与自然界的方方面面，甚至在一定程度上可以说，资源是地球上一切可以使用与在未来可以使用的生活资料与生产资料。而旅游资源，属于所有资源中的一个类别，其定义应当在资源的总体框架之内进行更加严格的限定。

---

① 吴国清.旅游资源开发与管理 [M].重庆：重庆大学出版社，2018：2.

2. 旅游资源

学界与各行业对于旅游资源的定义存在着许多不同的"版本"，国内外对于旅游资源的称谓也不同。

在国外，学者们将我们口中的旅游资源称为"旅游吸引物"，指旅游目的地吸引旅游者的各要素的总和。它除了包含旅游地的旅游资源外，还包含接待设施和优良的服务因素，甚至包括舒适快捷的交通条件。可见，在国外学者的眼中，旅游除了要有相关的资源、优美的景观、有趣的活动，还要有优质的服务，这体现出他们注重旅游的质量。

在国内，我们一般使用"旅游资源"一词，学者们对于旅游资源也有着不同的认知，有些学者侧重于旅游资源的观赏性与娱乐性，有些学者则侧重于旅游资源的吸引力与经济性。

郭来喜认为，"凡是能为人们提供旅游观赏、知识乐趣、度假疗养、娱乐休息、探险猎奇、考察研究及人民友好往来和消磨闲暇时间的客体和劳务，都可称为旅游资源。"①

卢云亭认为，"对旅游者产生吸引力，并具备一定的旅游功能和价值的自然与人文因素的原材料，统称为旅游资源。"② 保继刚认为，旅游资源是指对旅游者具有吸引力的自然存在和历史文化遗产，以及直接用于旅游目的的人工创造物。卢云亭与保继刚的观点较为相似，均强调了"吸引力"这一特性。

阎守邕认为，旅游资源是"目前已经利用的和尚未利用的、能够吸引人们开展旅游活动的自然过程、人类活动以及它们在不同时期形成的各种产物的总称"③。

---

① 张艳萍，肖怡然等. 旅游资源学理论与实务 [M]. 北京：北京理工大学出版社，2019：1.

② 张艳萍，肖怡然等. 旅游资源学理论与实务 [M]. 北京：北京理工大学出版社，2019：1.

③ 张艳萍，肖怡然等. 旅游资源学理论与实务 [M]. 北京：北京理工大学出版社，2019：1.

邢道隆则认为，凡是能激发旅游者旅游动机，为旅游业所利用，并由此产生经济价值的因素和条件都是旅游资源。

总之，学界关于旅游资源一词的定义种类繁多，各学者从不同角度出发，提出了自己的见解。国家旅游局颁布的《旅游规划通则》中将旅游资源表示为：自然界和人类社会凡能对旅游者产生吸引力，可以为旅游业开发利用，并可产生经济效益、社会效益和环境效益的各种事物、现象和因素，均称为旅游资源。

我们认为，学者的不同看法都有其合理性，只要是根据旅游资源的几个核心要点进行定义即可。第一，旅游资源要对旅游者具有较强的吸引力，游客前往该地不为经济利益，只是出于纯粹的旅游目的；第二，旅游资源能够对其所在地的发展产生一定的推动力。

（二）旅游资源的特征

由于旅游资源的数量与类别过于繁杂，因此，对其进行总结和归纳，得出了较多的特征（如图2-1所示）。

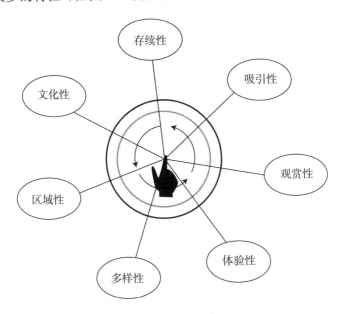

图 2-1　旅游资源的特征

1. 吸引性

旅游资源具有吸引性，这一特征与其定义紧密相连。旅游资源与其他资源的最大差别就在于其吸引性，它能够吸引游客主动、自发地前来观赏。旅游资源对旅游者所产生的吸引力，能够激发游客的旅游动机，刺激游客的消费行为，使游客获得一定程度上的物质享受与精神享受。但是，不同的旅游目的地对于不同游客，甚至同一目的地对于不同游客的吸引力大小都不同，这主要是由于游客的爱好不同。例如，有些游客对田园生活十分向往，热衷于追求恬淡与宁静的旅游环境；有些游客对都市生活十分向往，希望去快节奏的繁华都市体验时尚之美；还有些游客对名山大川、湖泊草原等壮美的自然景观情有独钟，喜欢体验不同地质地貌的雄奇之处，等等。

2. 观赏性

一般的资源，如水资源、矿产资源等，并不具有观赏性，只具有使用性。旅游资源作为人类资源中的一个特殊分支，具有一定的观赏价值。

人们前往旅游目的地，即使不做任何事情，只要用自己的视觉、听觉欣赏四周的景观，也可以获得美的享受。不过，资源的观赏价值也是因人而异的，这主要是因为旅游者的审美情趣和审美能力存在差异。

3. 体验性

旅游资源具有体验性，在很多地区尤其是民族文化较为浓郁的区域，其旅游资源更具体验价值。例如，游客前往陕北地区，可以体验陕北人民的窑洞生活；游客前往东北地区，可以体验在冰天雪地里打猎、捕鱼等有趣的活动。

4. 多样性

由旅游资源的定义可知，它是一个集合概念，任何能够对旅游者产生吸引力的因素都可以转化为旅游资源。这些因素的共同作用，使旅游资源既存在于自然界中，也存在于社会领域的各个方面，其多样性和广泛性是其他资源所不及的。

旅游资源按照本身属性与成因划分，可以分为自然风景与人文景观两大类。按国家标准《旅游资源分类、调查与评价（GB/T 18972-2017）》，旅游资源可以分为8个主类、23个亚类、110个基本类型。大多数旅游资源并不是单一类型，而是拥有多种类要素。这些要素相互联系、相互作用、相互影响，形成一个和谐的有机整体，因此，旅游资源本身就具有了多样性。对于一个旅游目的地来说，其旅游资源的种类也是丰富多样的，资源之间相互补充、相互联系。资源之间的联系越紧密，其生命力就越强，旅游目的地的吸引力也就越大。这种旅游资源的多样性使其能满足旅游者的多元化需求，成为旅游开发的一个重要优势。

5. 区域性

旅游资源既是自然环境的组成部分，又受到自然环境的影响与制约，从而使旅游资源产生区域性差异，如海岛低地、热带风光、椰林竹楼、高山积雪、沙漠驼铃等特色旅游资源，均与其所处的自然环境有关。

不但自然旅游资源受自然环境影响，而且人文旅游资源在很大程度上由自然环境决定。人们在长期的生活与生产中，为了获取适宜的生存条件，不得不顺应自然、适应自然。因而，人类创造的各种人文景观及文化遗产，也都受到地理环境的影响，留下了区域特征的烙印。以民居建筑为例，四合院、小胡同是老北京的标志，窑洞是黄土高原特有的民居，内蒙古自治区牧区的牧民主要居住的是帐篷与毡房，西南部潮热地区的居民更喜欢"吊脚楼"，等等，这些民居的特点都与当地的自然环境密切相关。

6. 文化性

大多数旅游资源在开发中都具有了一定的文化属性，蕴藏着一定的特色性、科学性和社会性，是资源的灵魂。从这一层面上看，旅游活动不能仅仅停留在休闲、猎奇上，而要将其视为一种文化交流活动，游客通过观光、游览、参与和体验，在得到各种美的享受之外，还能丰富阅历，增长见识。例如，各种自然景色、博物馆、遗址遗迹、经典建筑，除了增加人们的历史文化知识外，还能激发人们探索自然奥秘和人类世界的激情，拓展人们的思维。所以，通过旅游活动，文学家、艺术家、科学家常常可以产生一些思想火花，甚至创造历史。例如，唐代伟大的浪漫主义诗人李白，每到名山大川，都会因景而发，留下脍炙人口的景点诗篇，今天这些经典诗篇又成为现代人了解作者所处时代的自然、人类、社会发展情况的历史资料。

旅游资源的文化内涵虽是吸引游人的一个重要方面，但要获得这种文化享受，往往需要旅游者拥有较高的文化修养与精神境界。

当然，旅游活动真正的内涵，实际上正是通过对景点的某些文化内涵的欣赏与领悟，找到旅游者与景点之间在心灵上的契合点。因此，资源的文化性是进行旅游资源高端开发的关键，也是旅游资源可持续发展的关键。

因此，在旅游资源开发中，不仅要深入研究其文化内涵，还要采用多种方式使其充分地展现给旅游者，使单纯的观光旅游转变为融观光、文化体验、科学研究于一体的多功能旅游，从而增加旅游资源的吸引力。

7. 存续性

其他资源，例如，水资源、矿产资源、森林资源，均处于不断消耗、不断利用、不断转化的过程之中，是不可再生资源。旅游资源不是消耗性资源，游客前往景区旅游，并不会对旅游景区产生明显的影响，并不会对景区的景观、建筑造成破坏性影响。

旅游者前往自然山水风光地、城市风貌地、乡村景观地、历史遗迹处等进行旅游活动，能够做的仅仅是欣赏景观，体验民俗，或者是学习文物古迹的相关知识，感受历史，在离开时并不能带走一砖一瓦。游客并没有消耗资源的任何组成部分，只是形成了对旅游资源的认知和感受。例如，我国著名景区黄山风景区，其代表景观为"迎客松"，许多游客慕名前往，希望一览"迎客松"的景色，但是，任何游客都不能带走"迎客松"，最多是与之合照，留作纪念。

当然，也有少量的资源是消耗性的，如食品类资源，在旅游活动中会被旅游者消耗掉，这在乡村旅游中体现得较为明显，但是，这些消耗性资源是由自然繁殖、人工饲养、栽培和再生产来补充的，是可以在短时间内再生的。

二、旅游资源的类别

由于旅游资源众多，学者们对于旅游资源的种类划分就显得尤为重要，不过从不同的角度出发，学者们则有不同的划分方式。例如，按照属性分类，按照内容分类，按照性质分类，按照其他因素分类，等等。其中，最常见的划分方式即按照属性分类，可以将其分为自然旅游资源、人文旅游资源、社会旅游资源三个类别。

（一）自然旅游资源

自然旅游资源，指天然存在的具有游览观光、休息疗养等吸引力的地理要素，这些要素或单独存在，或与其他要素综合而成旅游资源。具体可以分为地文景观、水域景观、生物景观、天象与气候景观 4 个主类、13 个亚类（见表 2-1）。

表 2-1 自然旅游资源

	自然景观综合体
地文景观	地质与构造形迹
	地表形态
	自然标记与自然现象
	河系
	湖沼
水域景观	地下水
	冰雪地
	海面

生物景观	植被景观
	野生动物栖息地
天象与气候景观	天象景观
	天象与气候现象

1. 地文景观

地文景观是指地球内、外营力综合作用于地球岩石圈而形成的各种现象与事物的总称。地文景观既具有一定的观赏价值、健身价值，也包含着很强的研究价值。例如，泰山、张家界、雁荡山、腾格里沙漠等是有代表性的不同类型的地文景观。

2. 水域风光

水域风光，是大自然的"杰作"，是大自然风光的重要组成部分。我国古代文人墨客常于河流湖泊附近旅游，并留下了许多壮美的诗篇，如李白的《望庐山瀑布》《渡荆门送别》等，白居易的《钱塘湖春行》《问淮水》等，张若虚的《春江花月夜》以及杨万里的《晓出净慈寺送林子方》等。可见，水域风光自古就是人们乐于游览的旅游资源。例如，长江、黄河、西湖、镜泊湖、南海等都属于水域风光。

3. 生物景观

地球本就是一个大生物圈，包括人类、动物、植物和微生物。旅游资源中的生物景观是指以生物群体构成的总体景观和个别的珍稀品种及奇异形态个体，可以分为植物旅游景观与动物旅游景观（见表 2-2）。生物景观起着美化、活化和净化旅游环境和人类生存环境的作用。例如，三江源国家公园、大熊猫国家公园、海南热带雨林国家公园、武夷山国家公园、东北虎豹国家公园、丹顶鹤栖息地等均为生物景观。

表 2-2　生物景观类别

生物景观	植被景观	林地
		独树与丛树
		草地
		花卉地
	野生动植物栖息地	水生动物栖息地
		陆地动物栖息地
		鸟类栖息地
		蝶类栖息地

4. 天象与气候

天象指天空中所发生的各种自然现象的统称，"如太阳出没、行星运动、日月变化、彗星、流星、流星雨、陨星、日食、月食、极光、新星、超新星、月掩星、太阳黑子等。"[①]

气候，《现代汉语词典》中这样解释：指一定地区里经过多年观察所得到的概括性的气象情况。气候是该时段各种天气过程的综合表象，主要的气候要素有光照、降水、气温等。天象与气候越来越受旅游者的欢迎，例如：吉林雾凇、泰山日出、沙漠星空等，它们满足了旅游者的猎奇心理以及修养度假的需求。

（二）人文旅游资源

人文旅游资源，也称人文景观旅游资源，是由人类社会的生活环境、生活方式、历史文物、民风民俗、生产活动等要素共同构成的旅游资源。这类旅游资源的优势不在于壮美的景观，而在于别具特色、意蕴深厚的文化体系，是人类历史文化的结晶。

人文旅游资源，不仅包含人类历史上的各种重要文明，还能在一定

---

① 羊绍全. 旅游资源调查与评价实训教程 [M]. 北京：北京理工大学出版社，2019：77.

程度上反映现实社会的各种文化，可谓通览古今、兼容并蓄。历史上的各种文物古迹与建筑遗存属于人文旅游资源的内容，当代社会所建造的各种文化馆、博物馆以及与文化相关的建筑与设施也包含在内。

一般来讲，人文旅游资源包括如下类别（见表2-3）。

表2-3 人文旅游资源

人文旅游资源	人文景观综合体
	实用建筑与核心设施
	景观与小品建筑
	物质类文化遗存
	非物质类文化遗存
	农业产品
	工业产品
	手工艺品
	人事活动记录
	岁时节令

1. 人文景观综合体

人文景观综合体包括社会与商贸活动场所、军事遗址与古战场、教学科研实验场所、建设工程与生产地、文化活动场所、康体游乐休闲度假地、交通运输场站、纪念地等。这些场所反映的当地的政治、经济、文化和军事活动状况，是今天旅游者了解旅游地人类活动的物质载体，是科研工作者和研学的游客进行地区历史研究的依据。例如，赤壁古战场、国家海洋实验室、大兴国际机场、国家大剧院、冬奥会场馆等都是人文景观综合体。

2. 实用建筑与核心设施

实用建筑与核心设施包括特色街区、特色屋舍，独立厅、室、馆，独立场、所、桥梁，渠道，运河段落，堤坝段落，港口、渡口与码头，洞窟，陵墓，景观农田、景观牧场、景观林场、景观养殖场，特色店铺、特色市场等。这些建筑与设施是资源所在地居民和游客正在使用的建筑或者核心设施，既是旅游者欣赏的目标物，又是向旅游者提供服务的旅游设施或基础设施。例如，小吃街、各类规划展览馆、跨海大桥、水电站大坝、石窟等都是地区性的实用建筑与核心设施。

3. 景观与小品建筑

景观与小品建筑包括形象标志物、景观点、亭、台、楼、阁、雕塑、碑碣、碑林、影壁、门廊、廊道、塔形建筑、景观步道、甬道、花草坪、水井、喷泉、堆石等。这些资源是以微观方式点缀生活环境和旅游环境的，可以使游客在游览、度假中感受到身边处处是景，身处浓郁的文化氛围中。例如，拙政园的小飞虹，颐和园的长廊、大雁塔、滨海步行道等均为具有美化环境作用的景观与小品建筑。

4. 物质类文化遗存

物质类文化遗存是历史遗迹的一部分，包括建筑遗迹、可移动文物两类。这些是看得见、摸得着的物质类遗存，不但本身是历史遗物，而且承载着遗迹所处地区在某一历史时期的经济、政治、文化发展情况。例如，故宫、长城、承德避暑山庄、司母戊鼎、清明上河图等都是典型的物质类文化遗存。

5. 非物质类文化遗存

非物质类文化遗存包括民间文学艺术、地方习俗、传统服饰装饰、传统演艺、传统医药、传统体育赛事等。这些遗存不但本身对旅游者具有吸引力，而且是旅游者可以体验的资源，可以让旅游者更好地融入旅游目的地的环境，感受不一样的生活。例如，那达慕大会、二十四节气等属于非物质类文化遗存。

6. 农产品

农产品是旅游购物的土特产。它包括种植业产品与制品、林业产品与制品、畜牧业产品与制品、水产品与制品、养殖业产品与制品等。这些产品在旅游者眼中不但新鲜，而且营养丰富，口感诱人。如果这些产品的包装能够满足赠送需求，旅游者还会买来赠送亲朋好友。例如，燕山板栗、沁州黄小米、盘锦大米、新郑大枣等农产品是我国著名的国家地理标志产品。

7. 工业产品

工业产品包括日用工业品、旅游装备产品。这些产品要成为旅游资源就需要有特色，或者是设计有亮点，或者是品质更高，或者是生产工艺独特，是旅游者在电商平台或者商超难以购买到的高品质产品。例如，免税店的化妆品、箱包产品、电子产品等。

8. 手工艺品

手工艺品包括文房用品、织品、染品、家具、陶瓷、金石雕刻、雕塑制品、金石器、纸艺与灯艺、画作等。这些工艺品要引起旅游者的兴趣，就要求旅游者有一定的文化修养，懂得如何欣赏艺术，懂得其价值。因此，手工艺品的制作者或者是非物质文化遗产的传承者要以更加有趣的方式来普及工艺品的知识，让旅游者在短时间内了解它、欣赏它，进而传播它。例如，徽州毛笔、景德镇瓷器、青田石印章、四大刺绣等。

9. 人事活动记录

人事活动记录是人文活动的一部分，包括地方人物、地方事件。通常地方人物或地方事件会成为其所在旅游目的地的核心旅游资源，可以贯穿起地方的文学艺术、地方习俗、建筑遗址、宗教及祭祀活动场所，甚至是一些传统赛事、旅游购物等。例如，地方人物有孔子、孟子等；地方事件有赤壁之战、南昌起义、井冈山会师等。

10. 岁时节令

岁时节令是以时间为节点的约定俗成的集体性习俗活动，它包括宗教活动与庙会、农时节日、现代节庆等。岁时节令可以调整人们的心情，规范人们的生活作息时间、消费习惯，所以旅游管理者可以用它来吸引旅游者，也让旅游者得到精神上、身体上的放松。例如，孔子诞辰纪念日、丰收节、端午节、青岛国际啤酒节等。

第二节 乡村旅游资源的相关概念

一、乡村旅游资源的内涵

乡村旅游资源是我国旅游资源中的"潜力股",有着巨大的潜在优势,大力开发和建设乡村旅游资源,既是对乡村振兴战略的响应与践行,又可以推动旅游事业的开展。在研究乡村旅游资源之前,先要明晰其定义与特点。

(一)乡村旅游资源的定义

关于乡村旅游资源,学者们从不同的角度出发,给出了不同的定义,做出了不同的解释。

1. 产品角度

从产品的角度来看,人们把乡村旅游资源作为旅游开发的"原材料",认为旅游就像其他的经济活动一样,是一个生产过程,是从原材料到开发再到形成最终产品,然后卖给消费者的过程。

当旅游投资者、开发者发现这些乡村旅游资源是有使用价值的、可以被开发利用的"原材料"时,就会把它们投入到乡村旅游产品的生产过程中,从而发挥这些原材料的价值。

乡村旅游的"原材料"实际上就是存在于乡村之中的,能够被开发者利用的各种丰富的、自然的、人文的乡村旅游资源,例如,农事活动、农村聚落、农民生活、农业生态、农业收获物、乡村自然地域风貌、地方土特产品、乡村艺术工艺品以及多民族的风土人情、历史古迹等要素。

如此看来,乡村旅游资源是在一定的经济条件下,能够对旅游者产生吸引力,可以进行一定的开发、利用,产生经济、社会、文化、生态效益的自然、人文、社会的乡村景观。这些景观能为旅游者提供观光游览、探险猎奇、增长知识、休闲度假、科学研究、社会交往等功能和服务。也就是说，乡村旅游资源是指那些能够吸引旅游者前来进行旅游活动，能够为旅游业所利用，并能产生经济、社会、文化、生态等综合效益的各种因素。它是乡村独特的生产形态和特殊的环境所产生的农业生产、农村生活、农村风情等的综合体。

2. 景观角度

景观一词最初源于人们对自然景物的感知和认识，是一种视觉美学意义上的体验，可以被看见的风景皆可称为景观。

一般来说，乡村景观是指乡村地区范围内，自然、人文、经济、社会等多种现象的综合表现。乡村景观与城市景观不同，例如，其所处地域的功能划分不同，其景观的主体风格不同。虽然城市化速度的提高，使得乡村在地域范围内成了一个不稳定的概念，但究其本质原因来说，乡村景观依旧是人与自然环境相互作用的产物。

首先，乡村景观所涉及的资源所处的位置是乡村，是在乡村范围内产生的生态的、生活的、生产的景观。例如，乡村中的森林、草原、沼泽等都属于乡村生态景观，乡村中人们的饮食、服饰、节庆活动都属于生活景观，乡村中的麦田、蔬菜大棚、水产养殖池等都属于生产景观。这三个层次的景观与乡村的经济、文化、社会习俗密不可分。

其次，乡村景观一定是乡村资源中可以开发利用的并可以产生效益的那部分资源。若要能够被开发利用并产生效益，那资源本身就要具有吸引力，或者是垄断性的资源，或者是舒适性的资源，或者是特色性的资源。可见，不管是从产品角度还是从景观角度来讲，乡村旅游资源都是旅游资源的一部分，与旅游资源是"种属"关系。根据文化和旅游部颁布的《旅游规划通则》中对旅游资源的定义，乡村旅游资源指能吸引旅游者前来进行旅游活动，为旅游业所利用，并能产生经济、社会、环境等综合效益的乡村景观客体。它是以自然环境为基础、人文因素为主导的人类文化与自然环境紧密结合的文化景观，是由自然环境、物质和非物质要素共同组成的和谐的乡村地域复合体。乡村旅游资源以乡村特有的乡土人情为基础，结合当地特色，科学选址和构建而成，与城市相比，乡村旅游资源有着更多的优势。

（二）乡村旅游资源的特点

乡村旅游资源身处乡村，与农业密切相关，因此，与其他类型的旅游资源相比，具有较浓郁的乡土气息，而乡村的工业化、城市化程度较低，与大自然联系紧密。所以，其第一个特点便是人与自然的和谐性。此外，乡村旅游资源还具有和谐性、广泛性、多样性、区域性、整体性、生产性、季节性、民族性、时代性、保护性、文化性、特殊性、体验性等特点（如图 2-2 所示）。

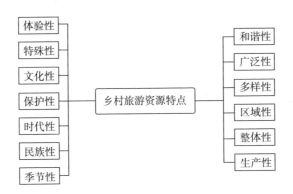

图 2-2　乡村旅游资源特点

1. 和谐性

乡村旅游资源，主要包含各种田园风光、田野生活、地方农时活动、乡村建筑、乡村节庆活动、乡村戏曲艺术、乡村手工艺、农家乐等内容。可见，乡村旅游与大自然的联系十分密切，基本上在乡村之中的所有旅游活动均是源于自然的给予，其人文景观也与自然环境密切相关。那么，要想促进乡村旅游进一步发展，加大乡村旅游资源的开发力度，就必须要认清人、旅游、自然之间的关系，要构建乡村旅游与大自然的和谐生态网。如果违背自然规律，对乡村资源进行过度开采，则会受到自然的惩罚。因此，人们对自然环境长期改造和适应形成的乡村景观是人与自然共同创造的和谐的文化景观。

2. 广泛性

在世界范围内，除了气候极为恶劣的严寒地区、高海拔地区、荒漠地区以及海洋地区外，其他的区域内分布着大量从事农业活动的居民，甚至游牧区域也会从事部分的农业活动。这些居民世代生活在这样的环境中，与自然和谐相处，经过长期努力，形成了各具特色的乡村景观。无论是在中国的各个省市，还是在世界其他国家和地区的乡村中，都可以见到诸多的乡村旅游资源。可见，其分布范围十分广泛。

3. 多样性

"世界上没有两片相同的叶子"，世界上也没有两个相同的村落，任何乡村都有其特殊性。这主要是基于不同乡村所处的不同的地理环境，以及其独特的历史底蕴。于是，各乡村发展出不同的产业侧重点，有些乡村更加注重农耕，有些乡村则更加注重渔业，久而久之，就形成了不同的乡村景观，所以乡村旅游资源具有明显的多样性特点。

4. 区域性

乡村旅游资源是以自然环境为基础、人文环境为主导的景观。不同的地理区域有不同的气候，不同的气候产生了不同的动植物形态，形成了不同的乡村生物景观。不同的气候又影响了不同区域内农民的生活习俗，例如，不同的民居、不同的着装习惯、不同的作息习惯等，形成了乡村习俗景观。不同地理区域的地貌类型有着大大小小的差异，这就影响着农民的生产习惯，导致农业生产工具的不同、种植作物的不同、畜养家禽的不同。而这些生产习惯的不同又导致了农民饮食习惯的不同，也就形成了不同的饮食景观。可见，地球上自然环境和社会环境的地域差异性，形成了乡村旅游资源鲜明的地域性特点。

5. 整体性

乡村旅游资源的整体性，指自然、人文、社会等诸多要素是一个不可分割的整体，其中改变任何一个要素都会引起资源整体的变化。所以，乡村景观的发展要遵循自然规律与社会规律，相关人员必须从更加宏观的角度入手，以促进乡村旅游资源的保护与持续发展。

6. 生产性

乡村是进行农业生产的主要场所，所以乡村旅游资源除了要具备旅游的功能之外，还要具有一定的农业生产能力，不要"因小失大"，不能为了发展旅游而忽视长期作为乡村产业支柱的农业活动。要在保持农业生产的前提下，兼顾乡村旅游资源开发，力求提高经济效益，促进农村产业的多样化发展。

7. 季节性

对绝大多数乡村而言，种植业是不容忽视的话题，而各种农副产品的种植丰富了乡村旅游资源，使其具有了多样性。乡村旅游发展初期，以果园采摘、菜园采摘为主要形式，现在又有插秧、播种、收获等形式，但这些体验活动都有季节性。瓜果蔬菜的成熟时间受到严格的季节条件限制，插秧、播种、收获更受到节气限制。例如，西红柿一般是夏季成熟，在每年的 6～8 月份；草莓一般是 4～5 月开花，6～7 月结果。所以，乡村旅游资源受季节影响较大，体现出明显的季节性特征。

8. 民族性

乡村旅游资源具有鲜明的民族性。以我国为例，首先，我国是一个多民族国家，有 56 个民族，各民族都有其历史悠久的文化体系。其次，有些民族普遍居于乡村，由于乡村的交通不够便利，农村居民也不愿外出，选择留在农村中生活，而大都市中的"新新元素"与"快节奏文化"难以渗透进乡村之中。这就使得乡村中的民族文化得到了更好地保存与传承，而免受外来文化的"冲击"。虽然这些文化的部分内容与现代社会有些不符，但是它们却有着乡村中的"原汁原味"，给旅游者展现了浓郁的民族性和新鲜感。

9. 时代性

乡村旅游资源集合了自然元素与人文元素，与历史的发展有着千丝万缕的联系。在不同时期，乡村文化景观则有着明显的时代色彩。

10. 保护性

乡村生态环境是建设美丽乡村、发展乡村旅游的前提条件。自然生态系统和社会生态系统共同组建了乡村生态系统，这个生态系统相对来讲比较脆弱，容易被破坏，一旦破坏就难以修复。发展乡村旅游，就要保护好农民赖以生存的自然生态环境，在引进投资时要尊重当地的自然生态和社会生态，进行保护性开发，否则就会失去旅游吸引力。

11. 文化性

在乡村中，多年延续下来的各种传统文化，也是人们进行人文旅游的重要方面，许多乡村至今仍然沿袭着曾经的文化，如婚姻习俗、乐舞习俗、民俗节目等。

12. 特殊性

首先，我国乡村旅游资源的地域性决定了它的特殊性。我国地域辽阔，民族众多，绝大多数地方保持着原有的乡村地域风貌。其次，中国两千多年来形成了强烈的家族观念，乡村村落的人口多数为同姓人，这就增强了乡村的特殊性，每一个村落都具有不同姓氏群体的文化特征。这与城市相对彼此封闭的环境截然不同，乡村的居住环境是开放的，彼此的称呼是亲密的，解决问题的方式更具人情味儿。这些对于"80后"的城市旅游者来讲都是有趣而又有吸引力的。

13. 体验性

乡村旅游不是单一的观光游览项目，它还包含劳动体验、民俗体验、健康疗养、考察探险、文化研究等活动，是一项多功能的复合型的旅游活动。

二、乡村旅游资源的类别

乡村旅游资源因其复杂性与多样性，可以划分为多种类别。

（一）按照乡村旅游的形式划分

按照乡村旅游的不同形式，可以将乡村旅游资源划分为自然生态资源、乡村景观意境、田园资源、乡村商品资源、遗产与建筑资源、乡村民俗文化资源（如图 2-3 所示）。

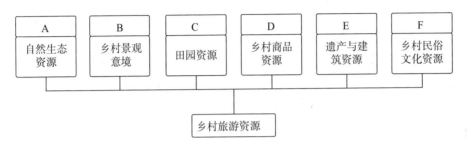

图 2-3 乡村旅游资源的形式

1. 自然生态资源

自然生态资源，指乡村之中的自然景观长期演变而形成的自然资源，主要包括山峰、怪石、岛屿、河流、林地、花卉等。这类资源深刻体现了乡村中人与自然的和谐统一，是乡村旅游资源的主要部分。

2. 乡村景观意境

乡村景观意境，包括景观通道与景观意境两部分，对其进行更加细致的划分，可以分为乡村景观生态廊道、乡村山水环境意境、乡村聚落文化意境、乡村农耕田园生活意境等类别。这种旅游资源包含自然景观与文化景观两部分，着重强调为游客打造颇具意境的旅游景观，使游客获得城市旅游难以体验到的旅游感受。

3. 田园资源

田园旅游资源是乡村旅游资源所特有的景观，包含农业生产、城郊、田园、草场、林区、渔区。对以上六个亚类进行细分，还可划分为 11 种旅游资源，这类旅游资源是对乡村生活的真实反映。

4. 乡村商品资源

乡村商品主要包括乡村的传统工艺、传统工艺品、传统农产品等，例如，风味食品，包括风干牛肉、牛肉干、大枣、雪梨等；又如，传统工艺品，包括布老虎、草编、刺绣等。这类资源在乡村之中与村民的生活紧密相连，除了具有乡土气息外，还具有一定的文化价值与传承价值。

5. 遗产与建筑资源

古时诸侯帝王时常出于各种目的，如征战、防御、开垦、戍边等，而在特定地区修建建筑。一般来讲，人们在都城、边关、商贸中心等地区修建的建筑较多，而在乡村和郊外修建的建筑较少，不过经过长期发展，这类建筑在乡村中也有遗存，这成为乡村旅游景观的组成部分。主要包括历史遗址和各种建筑，如军事遗址和古代战场、古代祭祀场所、古代文化场所、演武场、书院等。

6. 乡村民俗文化资源

乡村民俗文化资源主要包括人物记录、现代节庆、民间习俗、艺术文化等类别。在这些类别之下，又分为人物、协会、地方文化、民间演艺、民间节庆、宗教活动、旅游节、文化节等八种类型。这类旅游资源是乡村风土人情和民风民俗的重要体现，游客可以参与其中，深度体验乡村传统民俗与传统文化的独特韵味。

（二）按照乡村旅游的文化特性划分

按照乡村旅游的文化特性划分，可以将其分为乡村物质文化景观、乡村制度文化景观、乡村精神文化景观三类（如图 2-4 所示）。

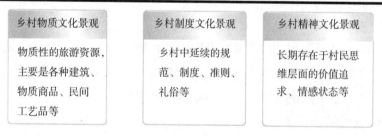

图 2-4　乡村景观的类别

1. 乡村物质文化景观

乡村物质文化景观，指乡村中存在的物质性的旅游资源，是乡村个体或群体经过多年的实践与劳动，而产生并留存下来的外显部分。这类景观具有物质性、可视性、可感性等特点，主要包括建筑、服饰、工艺品等，如陕北和山西的窑洞、湘西土家族的吊脚楼、福建永定的土楼、天津杨柳青镇的年画等。这些物质文化景观都是乡土艺人延续多年的文化与手艺的物质表现形态，是传统文化的见证。

2. 乡村制度文化景观

乡村制度文化景观，指为了维护乡村稳定，促进乡村发展，加强乡村建设，而逐渐丰富完善、约定俗成的各种礼仪、规范。乡村中的制度文化主要包括乡村经济制度、社会制度和文化制度。其中，社会制度又包括乡村权利制度、乡村礼仪制度、乡村节庆制度等层面。乡村权利制度由权力主持人（一般是族长或具有较高文化素养的人）、权力组织、权力奖惩制度组成。

在许多乡村之中，仍然沿袭着古时的制度，村长除了作为村落的决策者之外，还是村落的"精神领袖"，村落的传统习俗与制度规范均由其制定，其掌握婚丧嫁娶等一切事宜。

3. 乡村精神文化景观

乡村精神文化景观，指乡村之中所有居民自古传承至今的，非物质性的共同心理结构、价值追求、人生哲学、情感状态等内在体验。它一直以一种隐性的方式存在于物质景观与制度景观之中，是无形的存在。在乡村旅游中，游客只有细心体会，与村民深入交流，才能够体悟其精神文化。

（三）按照乡村旅游资源的组成成分进行划分

按照组成成分，乡村旅游资源可以划分为农业景观、聚落景观、民俗文化景观（如图 2-5 所示）。

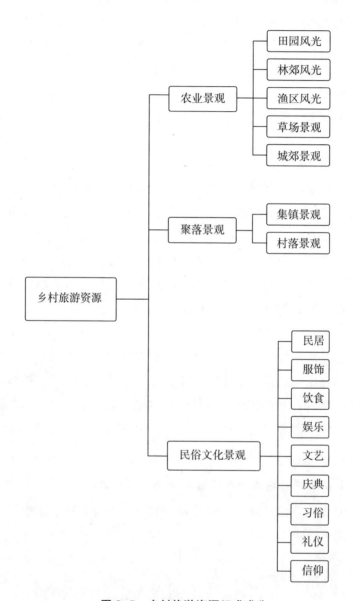

图 2-5 乡村旅游资源组成成分

第三节　乡村旅游资源开发的原则与意义

一、乡村旅游资源开发的原则

旅游资源开发要遵循一定的原则，原则在一定程度上回答了"应不应该开发"以及"应该怎样开发"的问题，给我们今后的旅游资源开发提供实施的依据。乡村旅游资源开发作为旅游资源中的特殊部分，有其特殊的原则。

（一）政府全面主导原则

乡村旅游资源开发要在政府的主导下进行。在开发过程中，要分清主次，以保护乡村各项资源的原生态为"主"，以开发乡村旅游新形式，挖掘潜在旅游资源为"次"，响应"绿水青山就是金山银山"的号召。要坚持"开发是目的，保护是前提，对于乡村旅游资源如果不善加保护，最终会丧失开发和经营赖以存在的基础"[①]。要防止过度开发，防范盲目性与破坏性开发建设，招商引资等环节应当进行全面系统地安排，并由管理者派专业人员进行监管，从而真正保障乡村旅游合理、有序开发，要"加强策划者、管理者、开发者、旅游者的生态环境保护意识，建立相应的保护措施"[②]。

（二）村民全力配合原则

在乡村旅游中，村民是其中最为活跃的因素，是旅游资源的重要组成部分。因为村民世代生活在这片土地上，对于乡村的气候条件、文化背景、主要产业十分了解。在开发乡村旅游资源时，要鼓励和支持村民

---

① 雷晚蓉.乡村旅游资源开发利用研究[M].长沙：湖南大学出版社，2012：32.
② 雷晚蓉.乡村旅游资源开发利用研究[M].长沙：湖南大学出版社，2012：32.

参与其中，进行劳动力投资或者资源投资，获取收益；要给村民构建一个"畅所欲言"、表达关于旅游开发建议的平台；要安排具有本土特色的旅游项目，让其他地区的游客感受到浓郁的乡土气息；要对乡村旅游从业人员加强业务培训，使其更加熟悉旅游服务方面的知识，增强服务意识，提高服务质量，从而带动当地旅游业的发展。

（三）经济效益与社会效益双赢原则

旅游资源开发最根本的目的在于追求经济效益、社会效益和环境效益，乡村旅游资源开发也不例外，也是为了带动乡村经济发展水平的提高、人民幸福指数的提升和生活环境的优化。开发之前，要进行全方位地调查研究，在此基础上制定科学、合理的规划。在开发中，要执行规划，并把握好投入与产出的比例，防止因盲目开发而造成资金的浪费，防止过度开发造成环境破坏，防止不合理的开发造成村民生活商业化。既要考虑游客的体验与感受，又要考虑村民生活的舒适与淳朴，尽可能为双方带来生活的返璞归真。

（四）全面统筹、整体开发原则

乡村是城市的根，是城市的一部分，其资源是城市整体资源的一部分。那么，乡村旅游资源的规划与开发应该与城市的规划相协调，与省、国家的规划相协调，将其纳入相应区域旅游规划与开发的系统工程，统筹安排、全面规划，形成统一的区域旅游规划，促进区域经济的发展。

（五）凸显乡村气息与乡村特色原则

我国疆域辽阔、民族众多，在不同区域的不同气候条件下，存在着不同民族的聚居区；而在不同民族的村落，则具有反差极为强烈的文化体系。这就导致我国乡村数量庞大、种类繁多，产生于其中的乡村旅游资源也是充满其特有的魅力。在开发时，要保持乡村特有的韵味，保持其原有的"土"味和"野"味。乡村旅游正因其各具特色，才能够吸引来自五湖四海的游客前来游览。

二、乡村旅游资源开发的意义

大力开发乡村旅游资源，对于乡村的建设与旅游事业的发展具有明显的推动作用，对于我国乡村振兴战略的贯彻与落实，具有十分重要的现实意义。

（一）有助于乡村精神文明建设

大力开发乡村旅游资源，可以吸引大量外来游客，游客从其他城市来到乡村之中，会与当地的居民进行交流和沟通。在长期的交流之中，当地的居民则容易受到城市居民的影响，也会随之改变自己固有的保守思想，逐渐形成更加适应时代发展的思想体系，其文化水平也会随之显著提升。

（二）有助于乡村经济水平的提高

对于乡村而言，其主要经济收入一般来自农耕、放牧、渔业、林业等传统农业生产方式。这种方式对于乡村的进一步发展形成了制约，一方面，许多有着更高追求的农村年轻人无法实现个人的价值，只能从事形式单一、缺乏技术含量的农事劳作；另一方面，这种方式禁锢和限制了农民的自由，在农忙时节，可能连续许多天都无法休息，要一直在田地劳作。另外，传统农业所带来的经济收益也不高，对于许多农民家庭仅够维持基本的开销，一旦气候不好，收成还将大幅缩减。

发展乡村旅游资源，则能够显著改善以上情况，促进乡村经济水平的提高。乡村中丰富的旅游资源能够吸引大量外地游客，游客来到乡村之后，衣食住行等方面的支出必然会带动乡村经济大幅增长，这对于我国乡村经济持续稳定提升具有重要的推动作用。在物质产品极大丰富的现阶段，发展旅游业是刺激消费、扩大内需的重要手段，是时代赋予旅游业的新的历史使命。通过发展乡村旅游来启动农村市场，刺激消费，扩大内需，对于社会主义新农村建设具有极为重要的意义。

（三）有助于乡村生态环境的改善

乡村旅游资源包含多种类型，如果按照旅行的体验程度进行划分，可以分为深度体验式旅游与乡村观光式旅游。

对于乡村观光式旅游而言，繁盛茂密的绿植、和谐优美的景观搭配尤为重要。如果乡村缺乏人文民俗方面的潜在优势，就可以选择在观光领域进行开发与建设。这必将促进乡村的植被覆盖面积获得进一步的提升，形成一种"处处种花、人人种树"的局面，漫山遍野都盛开着优美的鲜花，这种美妙怡人的环境不仅会给游客以美的享受，还会对乡村生态环境的保护与发展提供一定的支持。

（四）有助于我国旅游事业的发展

旅游业要实现由亚洲旅游大国向世界旅游强国的目标跨越，就需要提升旅游品质，加强旅游企业竞争力，扩大旅游产业的规模，提升旅游从业人员的素质。

乡村旅游是我国旅游产业不可或缺的一部分，其市场的不断开拓、旅游品质的提高，有利于我国全域旅游的发展，对于推进旅游强国建设必将大有裨益。随着人民收入水平的逐步提高，带薪休假制度的不断完善，乡村旅游市场的规模会不断壮大，我国旅游经济的规模也将不断壮大，旅游经济的脆弱性将逐渐降低，促进旅游业的健康发展。

（五）有助于乡村振兴战略的贯彻与落实

乡村振兴战略主要包含七个方面的内容：重塑城乡关系，走城乡融合发展之路；巩固和完善农村基本经营制度，走共同富裕之路；深化农业供给侧结构性改革，走质量兴农之路；坚持人与自然和谐共生，走乡村绿色发展之路；传承发展提升农耕文明，走乡村文化兴盛之路；创新乡村治理体系，走乡村善治之路；加快发展乡村产业，走产业振兴之路。每一项内容都可以落实到乡村旅游中，达到真正振兴乡村的目的。

在《乡村振兴战略规划（2018～2022年）》"第五篇"中，有："实施休闲农业和乡村旅游精品工程，发展乡村共享经济等新业态，推动科技、人文等元素融入农业"的指示，这说明，党中央十分重视乡村旅游的开发与建设工作，并以其作为乡村振兴的重要途径。

所以，乡村旅游作为一项经济产业，是乡村振兴的重要途径；乡村旅游作为文旅产业的一部分，是推动乡村经济繁荣的新兴产业手段；乡村旅游作为文化事业的一部分，是传承中国文化遗产的重要载体。发展乡村旅游，开发、利用乡村旅游资源，可以为乡村振兴战略提供重要的动力，为实施乡村振兴战略提供新的引擎。

第四节　乡村旅游资源开发的模式与流程

一、乡村旅游资源开发的模式

由于不同的村落有着不同的情况，为了实现更高效的资源开发与利用，乡村旅游资源开发具有多种模式（如图 2-6 所示）。

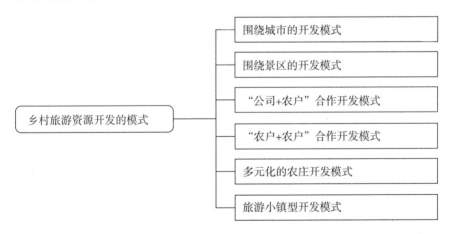

图 2-6　乡村旅游资源开发的模式

（一）围绕城市的开发模式

围绕城市进行乡村旅游资源开发，是最为常见的一种开发模式，在我国许多乡村中较为常见，具有明显的优势与较大的潜力。

1. 围绕城市开发的原因

第一，能够吸引大量城市居民前往乡村旅游，有着大量的潜在游客，这必将是一个十分庞大的市场。

第二，城市中的居民由于长期生活在高楼林立、人员密集的环境中，比较渴望进入人烟稀少、景色优美的乡村呼吸新鲜空气。

第三，城市居民的工作时间与休假时间都比较固定，现在的公司与企事业单位一般都严格按照国家的要求执行，所以他们有着充足的可支配时间，周末与节假日都可以实现近郊游玩。

2. 围绕城市开发旅游资源，要特别考虑乡村旅游产品的位置、特色等因素

第一，乡村旅游地的位置不可以距离城市过远，单次车程以1小时之内最佳。如果距离过远，城市居民往来过于劳累，则难以取得良好的效果。

第二，乡村旅游要具有地域性特色，要迎合城市人的需求，同时避免千篇一律，要形成与其他乡村不同的特征，根据自身优势进行特色化开发。城市周边的乡村产品类型与功能应当根据市场需求与资源特色而定，具有较强的灵活性。

总之，围绕城市的开发模式具有较强的可行性，迎合了城市居民外出旅游的意愿，具有比较广阔的发展前景。

河北省保定市顺平县实行的就是这种开发模式，顺平县处于太行山东麓，周边环境十分适宜桃花生长，于是当地便在每年4月中旬举办桃花节。保定市区与桃花节观赏区距离40多公里，车程约1小时。每逢桃花节，总会有大量市民前来观赏。这里不仅有农家乐，还可提供大棚采摘场所，这实属围绕城市进行乡村旅游资源开发的典范。

（二）围绕景区的开发模式

这种开发模式，指在已经享有较大知名度的景区周边进行旅游资源开发。其优势在于可以借周边景区的名声吸引游客，能够有效提升游客数量。

第一，这类乡村旅游资源必须要紧邻著名景区，因为大部分游客都是为了著名景区而来，不愿意再为了其他没有名气的景区浪费脚程。如果距离过远，则无法享受景区的"光环"。

第二，要着重研究开发重点、发展方向、发展规模，要在优美生态与田园风光的基础上突出本土文化。

第三，要与其所依托和围绕的著名景区形成互补性，如其所依托的景区具有较强的观赏性，那么，该旅游资源就应该朝着体验性方向去开发；如其所依托的景区具有较强的体验性，那么旅游资源就要朝着观赏性方向去开发。

关于这种开发模式，四川省乐山市乐山大佛景区附近的乡村做得比较好。乐山大佛是我国著名的景区，每年前往游览的游客数量极为庞大。当地村民以乐山大佛景区为依托，在周边开发农家乐、农家休闲游戏等旅游形式，刺激游客消费，促进了当地旅游业的发展。

（三）"公司＋农户"合作开发模式

"公司＋农户"合作开发模式，指有一定经济基础与经济实力的企业在找准商机的前提下，与具有一定潜力和特色的乡村共同进行旅游资源开发活动，从而形成具有浓郁特色与吸引力的乡村旅游产品。一方面，公司可以为农户提供大量的经济、技术支持，还能为他们制定合理的发展规划；另一方面，农户能够以优质的产品为公司带来高额的利润。

这种模式可以充分利用农户的闲置资产与劳动力，丰富当地的旅游资源，向外地游客生动展现真实的乡村生活。同时，也以更加科学和先进的管理方式保障了游客的利益。

山东省临沂市沂南县竹泉村便是这种模式的典型。竹泉村的建筑普遍为少见的古式建筑，具有浓郁的古典气息与当地的乡土气息。有一个企业发现了其旅游价值，斥巨资对该乡村进行重新修建。经过几年的开发，这里已经成为集观赏、度假、会议等多重功能于一体的古村落度假区。

（四）"农户＋农户"合作开发模式

在某些乡村之中，有些村民希望以个体户的形式进行创业，如开设一个农家乐，开办一个小型采摘园。由于缺乏经验，他们需要找人"带路"，而多数农村人信不过外来的公司，更愿意相信当地已经取得一定成绩的农户，如"示范户"。于是，他们会与其进行合作，吸取经验，共同发展，逐渐形成这种"农户＋农户"的合作开发模式。由于没有大企业作为背后支撑，这种开发模式的规模一般都比较小，但是旅游产品均为当地村民所开发，具有十分浓郁的乡土气息。

（五）多元化的农庄开发模式

农庄开发模式，是以产业化程度较高的农业为依托，通过拓展农业观光、休闲、度假等功能，开发"农业＋旅游"产品组合，从而带动当地各种农产品的销售与推广。

庄园本是欧洲的一种以家庭为单位的农业生产经营组织形式，其专业性较强，能够实现大规模作业。在 20 世纪进入我国之后，我们对其进行了本土化的改良。如今，国内许多地区已经以这种模式进行了乡村旅游资源的开发实践，并取得了一定的收益。例如，首都北京附近已经建成了许多农庄，并在农庄内拓展了许多旅游功能，促进农业向第二产业和第三产业发展。

（六）旅游小镇型开发模式

旅游小镇，指旅游资源较为丰富，具有一定的容纳量，并以旅游相关的产业作为其主要收入的小镇。旅游小镇不一定是建制意义上的小镇，可以是一个旅游区。随着时代的不断发展，人们更愿意到旅游小镇游玩，其配套性、便捷性、规范性是最为显著的优势。

四川省成都市洛带古镇是旅游小镇开发的典型，当地气候温和湿润，冬无严寒，夏无酷暑；各种资源极为丰富，盛产水蜜桃；文化底蕴深厚，相传这里曾为客家先民定居之地。该小镇是全国首批重点小镇，国家级历史文化名镇，是旅游小镇开发的成功示范。

二、乡村旅游资源开发的流程

乡村旅游资源开发涉及社会的方方面面，包括经济、文化、生态等诸多领域，乡村旅游资源开发不是简单的旅游设施建设，而是涉及各方面的统筹与规划，所以必须要有严格的流程安排（如图2-7所示）。

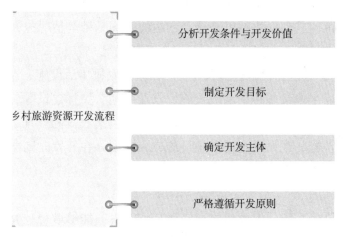

图2-7　乡村旅游资源开发流程

（一）分析开发条件与开发价值

1. 开发条件

开发条件包括经济发展基础、泛旅游业资源、土地资源基础、农业影响因素、区位交通基础、乡村基础设施。

（1）经济发展基础，即乡村目前的经济状况，看乡村是处于经济快速发展期，还是处于经济低迷期。如果乡村的经济条件欠佳，且未来几年经济走势仍将低迷，那么就不适宜进行开发。

（2）泛旅游业资源包括餐饮业、酒店业等与旅游挂钩的资源。如果乡村中有这些资源，或具备发展这些行业的资源，能够为人们提供具备一定趣味性、消遣性、文化性的活动，则具有一定的开发价值。

（3）土地资源基础，指乡村具有合适的土地用来建设旅游设施。要考察乡村的总体面积、建设用地、农业用地等，对其进行合理分配，不可为了开发旅游资源而过度占用其他类型的土地资源。

（4）农业影响因素包括自然条件与社会经济，自然条件包括气候、地形、水源、光照等，社会经济包括市场需求、大政方针、劳动水平、生产水平等。

（5）区位交通基础包括大区位、大交通、小交通。大区位指乡村所处的地理区位，如周边的经济圈、周边的市场基础等情况；大交通即铁路网、公路网等；小交通即乡村内部的道路情况。

（6）乡村基础设施包括农业生产设施、农村生活设施、农村文化设施等。农业生产设施包括灌溉设施、农业基地、护林建设等，农村生活设施有饮水、沼气、电力等，农村文化设施包括农村的教育、卫生、文化等配套设施。如果农村中各项设施较为齐全，在开发时则能够省去一笔较大的开销。

2. 开发价值

开发价值，指开发乡村旅游资源后，开发商能够取得较高的收益，农民生活水平得到提高，农村环境得到改善。能否实现这个开发价值，通常需要考虑以下六个因素：第一，是否具备优良生态及村落风貌；第二，是否具备一定的经济发展基础；第三，是否具有可利用的闲置土地及房屋资源；第四，是否具备有利的区位交通条件；第五，是否具备农业基础及发展优势；第六，是否具备完善的乡村基础设施。

（二）制定开发目标

根据乡村资源基础、开发综合条件、开发价值设计科学、合理的总体战略定位，将特色产业发展、旅游业融合发展、生态可持续发展、乡村社会生活提质升级、乡村文化传承与文化自信进行通盘考量，理性确定最大而又最科学的发展目标。

乡村旅游资源的开发目标包含产业发展目标、旅游发展目标、生态发展目标、社会发展目标、文化发展目标，不同的目标具有不同的侧重点，要根据乡村的实际情况进行合理制定。

（三）确定开发主体

制定开发目标之后，要确定开发主体。

第一种情况为乡村自主整合开发，由村集体通过选举或投票方式成立专门的旅游开发合作社或公司，以自筹资金的方式，将乡村中的闲置资源与有效资源尽可能地利用起来，并进行统一的规划和建设。

第二种情况为乡村与企业共同开发，在二者共同构成的整体中，乡村主要负责乡村各种资源的整合，而企业主要负责引入外来资金，并为旅游资源开发提供更加科学全面的执行方案，以促进接下来的开发与运营。

（四）遵守开发原则

在乡村旅游资源开发中，要严格遵守五大原则（如图2-8所示）。

图 2-8　乡村旅游资源开发原则

1. 彰显特色

乡村旅游具有特殊性，每一个乡村都有其与众不同的魅力，旅游资源的开发要善于找准其特点与优势，体现鲜明的地域特色。例如，在规划中要尽可能多地使用地域性的材料与资源。如果是水乡类型，那么就要着力凸显"水韵"，营造水乡的意境；如果是山村类型，那么就要致力于凸显山村的错落性。

2. 传续文化

乡村中存在并延续着大量的风土人情与传统习俗，这些文化深刻反映了乡村中的真实生活。对于"初来乍到"的城市游客来讲，这些颇具"土"味的文化，对他们具有较强的吸引力与感染力。所以，对历史文化丰厚的乡村，应注重保护与传承乡村的历史文化和民俗文化，充分挖掘其文化特色，利用多种媒体进行宣传与推广，进而在一定的社会层面上形成对本村的文化认同。对于这些文化资源要合理开发利用，系统打造，形成乡村的文化品牌，增强乡村的竞争软实力。

3. 三产融合

三产融合，指将农、林、渔等行业结合起来进行统一规划，这有利于整合乡村旅游资源，完善农业产业结构。

4. 绿色生态

乡村景色宜人，植被茂盛，人口密度低，具有优美的自然风光，这种绿色生态系统是乡村旅游的最大优势。进行乡村旅游开发，要始终保持其生态的完整性，要兼顾开发与保护，既要将乡村中的风光、地貌、村落、文化等作为旅游资源，又要将其作为保护的重点。

5. 活力共建

许多乡村在旅游领域具有一定的知名度，并且深受城市游客喜爱。但是，由于季节、气候等因素的限制，乡村在某些时节活力旺盛，但是在某些时节却相对冷清。所以，要打造活力型街区，如有些乡村冬季过于寒冷，可以考虑发展全季旅行模式，增加冬季趣味活动，从而更好地吸引游客。

第三章　乡村旅游资源开发与利用的理论基础

第一节　可持续农业理论

一、可持续农业理论的提出

可持续农业理论的提出，与 20 世纪后期世界各国对农业造成的破坏不无关系。在这一时期，各国为了获得经济上的快速发展，过度开采资源，造成了许多农村资源流失、环境恶化。这时，一些人开始意识到，长此以往必将造成农村与农业的巨大损失，于是，便开始初步构建关于农业持续发展的构想。他们认为，如果没有农业，就没有人类的今天，可以说，农业是人类生存和发展之"本"。

我国提出的可持续农业理论始于 1981 年；后来，美国也开始倡导可持续农业，并于 1985 年通过了《可持续农业研究教育法》；次年，明尼苏达州议会通过了《持续农业法案》；1988 年，美国俄亥俄州与阿肯色州分别召开关于农业发展的研讨会，同年，联合国粮食及农业组织强调可持续农业发展的重要性，认为人类文明的延续与发展都要依赖农业，人们不应该为了眼前的利益而造成不可挽回的环境浪费与资源破坏。"同年，法国针对农业高投入所带来的对环境与自然资源污染和破坏的问题，成立了全国环保型农业委员会，倡导环保型农业，重视和强调农业生产的生态性、社会性和经济性，主张改进现有农业技术，使之更符合环境保护的要求。"①

20 世纪 90 年代，随着各国生产力水平的不断提升，农业技术不断创新，学者们对于可持续发展农业理论有了更加深入的研究，进一步意识到"可持续"的重要性，并认为，要实现可持续农业并不只是农业内部

---

① 杨恒山，邰继承. 农业可持续发展理论与技术 [M]. 赤峰：内蒙古科学技术出版社，2014：149.

的问题。在他们看来，农业与社会各个领域都具有联系，要真正实现农业的可持续发展，就要突破这一局限，从整个社会的视角来审视这个问题。例如，社会资源分配的不公平，会导致农业生产出现问题；社会效益、经济效益、生态效益不协调，也会导致农业可持续发展遇到瓶颈。

在对农业问题进行了更加全面的研究之后，在荷兰召开的农业与环境国际会议上发表了《关于可持续农业和农村发展的登博斯宣言和行动纲领》，这对推动可持续农业理论的完善与发展起到了重要作用。

二、可持续农业理论的定义

自20世纪中后期以来，多数国家逐渐提高了对于农业发展的关注度，80年代之后，越来越多的学者开始研究可持续农业理论，而大量的研究也导致了该理论的复杂性与多样性。目前，虽然学界对于可持续农业理论的研究较多，但是，关于其定义却众说纷纭。

站在学科的角度，不同领域的学者对于可持续农业有着不同的定义。农学家认为，可持续农业是巩固绿色革命的成就，并把持续农业与食品供应联系在一起；环境学家认为，可持续农业表示农业对环境负责，只有保护大自然赐予人类的资源，才能够持续获得源源不断的原料供给；而经济学家则认为，可持续农业代表着更长远的经济效益。

在不同国家，受到国情的影响，人们对于可持续农业的认知也不尽相同。例如，1988年，发展中国家农业持续性委员会认为，这是一种能够提升人类改善自然能力的发展方向；而美国则认为，可持续农业是一种因地制宜的动植物综合生产系统。

目前为多数人所认可的定义主要有以下几种：

第一，世界自然与自然资源保护联盟认为，可持续农业是在继承传统农业遗产和发扬现代农业优势的基础上，以持续发展的观点来解释生存与发展所面临的资源与环境问题，协调人口、生产与资源、环境之间的关系。

第二，国际农业磋商小组技术咨询委员会认为，可持续农业应在涉及保持或加强环境的质量和保护自然资源的同时，成功地管理资源，以满足不断增长的人类的需要。

第三，联合国粮农组织认为，可持续农业是采取某种使用和维护自然资源的基础方式，以及实行技术变革和机制性变革，以确保当代人类及其后代对农产品的需求得到满足。

第四，中国学者陈厚基认为，"持续农业是一种帮助农民科学地选择优良品种、土肥措施、排灌方式、病虫草害综合防治措施、栽培技术、作物轮作制度、农业与相应工业的合理配置。以降低生产和经营成本，增加农业产出，提高农民的净收入，以及永续利用资源和保护生态环境的农业。"[①] 可见，中国学者从农业的角度出发，结合农业产业化，并延伸至资源的合理开发与利用方面，阐述出可持续农业理论的意义与价值，该观点较为全面。

综合上述各观点，目前人们对于可持续农业的定义尚无定论，不过其主要的思想基本一致，即追求农业可持续发展，就要做好生态的保护工作，力图实现农业资源的永续发展。

第二节　系统科学理论

一、系统科学理论的提出

系统一词，来源于古希腊语，是由部分构成整体的意思。通常把系统定义为：由若干要素以一定结构形式联结构成的具有某种功能的有机整体。在这个定义中，包括了系统、要素、结构、功能四个概念，表明了要素与要素、要素与系统、系统与环境三方面的关系。

系统科学理论即系统理论，简单地说，这是一种从更高层次、更加

---

① 杨恒山，邰继承.农业可持续发展理论与技术 [M].赤峰：内蒙古科学技术出版社，2014：151.

宏观视角看待问题的理论。

系统理论的雏形早已出现，在西方近代社会便已在学术界传播，这与中国古代所讲的"万物一体"具有相似之处，但也有所不同。20世纪30年代，理论生物学家L.V.贝塔朗菲提出"开放系统理论"，这是历史上首位学者将这种哲学领域的概念引入自然科学之中。1945年，贝塔朗菲发表了一篇名为《关于一般系统论》的文章，文章一经问世，便引起学术界的轰动，尤其是美国学界开启了研究系统理论的"热潮"。1968年，贝塔朗菲又出版了一部名为《一般系统理论：基础、发展和应用》的著作，标志着这一理论的体系化与系统化。他认为，现代社会与古代社会不同，如今各种新技术层出不穷，人们处理现代问题会遇到更多棘手的难题，要善于找到更高的着眼点，以处理复杂问题。按照系统理论的观点来看，任何事物都是一个系统，其内部的各元素都互相联系、互相制约、互相影响，并不是孤立的个体。

如今，系统科学理论已经广泛应用于各门学科。

二、以系统科学理论带动乡村旅游发展

根据系统科学理论的观点，乡村旅游的开发与利用不仅是旅游业的问题，还是包括农业领域、旅游领域、经济领域等在内的综合性问题。系统科学理论认为，研究科学问题要从整体性、动态性入手，并强调要注意事物的内在动力，这也是对于辩证法的发展与完善。

在系统科学理论的影响之下，各国学者在乡村旅游资源方面都做出了巨大的贡献。有些学者认为，旅游虽然只是一件休闲与娱乐的活动，但是却与各种各样的学问，以及各领域存在着广泛的联系。想要促进乡村旅游的发展，只单纯考虑乡村自身的环境是不够的，必然也要考虑与乡村和旅游发生联系的其他领域的各种问题。例如，乡村中居住的村民；与乡村旅游相关的各项方针政策；等等。

第一，要从全面的视角出发，全面审查与乡村旅游相关领域的活动。无论是旅游资源的开发，旅游资源的保护，还是旅游资源的利用，都不

应当是孤立的和简单的事件，都应当与乡村旅游这项事业结合到一起。

第二，城市与乡村虽然处于截然不同的社会状态，但是城乡的协同发展却是时代之必然。应设法实现乡村旅游与城市化的协同发展。为了留住乡愁，保持乡土气息，乡村旅游一般刻意限制农村社区的城市化和商业化。然而，城市化与乡村旅游是同一问题的两个方面，我们应当从更加宏观的层面来看待乡村旅游的发展与建设。

第三节　利益相关者理论

一、利益相关者理论的定义

乡村旅游作为我国旅游产业发展与乡村振兴的一种模式，其自然也有许多的利益相关者，包括乡村社区、旅游企业、政府、乡村旅游者、外来投资者、外来规划者等。以上利益相关者在乡村旅游事业的发展与演替中发挥着重要作用，并且互相博弈与合作，在一定程度上影响着我国乡村旅游未来的发展。

利益相关者，即乡村旅游发展的各种力量，具体可以分为两类，分别为乡村旅游的内在力量与乡村旅游的外在力量。其中，内在力量指乡村旅游景区的乡村居民，他们是乡村内部固有的要素，更是乡村旅游资源的载体，参与旅游发展的全过程。外部力量主要来自乡村外部，指一系列与乡村旅游相关的其他组织和各种团体。外部力量可以通过制订方案，发掘乡村旅游资源，以获取相应的利益。

二、乡村旅游可持续发展利益相关者的内容

乡村旅游可持续发展利益相关者包括当地社区、政府机构、旅游企业、旅游者等。

（一）当地社区

由于当地社区对本地乡村旅游景区的自然环境、文化、历史等较为熟悉，因此，当地社区对当地乡村旅游和谐发展的参与与否直接影响乡村旅游发展的成败。应将当地社区纳入乡村旅游管理、决策和利益分配中来，使其居于我国乡村旅游和谐发展的核心地位。

（二）政府机构

政府机构，指与乡村旅游发展事业相关，同时与政府相联系的机构。政府机构对于旅游产业发展的影响较大。政府机构在乡村旅游发展中应当定位为乡村旅游的调控者，引导和规范其他利益相关者的行为。这既可以促进政府机构的不断完善，又可以发挥其管控作用。

（三）旅游企业

在我国，乡村旅游企业主要有外来投资企业与其他旅游企业。无论是哪一类旅游企业，由于其主要目标在于经济效益，同时对于旅游资源和文化底蕴不甚了解，也不直接承担责任，权责关系不明确，因此，容易出现管理上的问题与疏漏。所以，旅游企业应当受到更大的约束，从而既能服务好游客，又能够对景区和环境负责。

（四）旅游者

旅游者，一般指的是普通游客和乡村生态旅游者。由于我国是世界上人口最多的国家，因此，不可避免地，我国也是世界上游客最多的国家。大量的游客涌往不同的景区，游客的文化素质不同，个别游客对景区的环境造成了一定程度的破坏。旅游者应当努力提升环保意识，提高自身素养，尊重不同区域的习俗，促进乡村旅游的可持续发展。

第四节 社会主义新农村建设理论

一、社会主义新农村建设理论的提出

自 20 世纪 50 年代以来，"建设社会主义新农村"就被多次使用过，2005 年，十六届五中全会通过的《中共中央关于制定国民经济和社会发展第十一个五年规划的建议》中提出的建设社会主义新农村，具有更为深远的意义。

社会主义新农村建设是在我国总体上进入以"工业反哺农业、城市支持乡村"的发展阶段后面临的崭新课题，是我国现代化进程中的必然要求，是构建和谐社会的重要一环。我国全面建成小康社会的重点难点在农村，农业丰则基础强，农民富则国家盛，农村稳则社会安；没有农村的小康，就没有全社会的小康；没有农业的现代化，就没有国家的现代化。

世界上许多国家在工业化有了一定发展基础之后，都采取了工业支持农业、城市支持农村的发展战略。我国国民经济的主导产业已由农业转变为非农产业，经济增长的动力主要来自非农产业。根据国际经验，我国现在已经跨入工业反哺农业的阶段。因此，我国社会主义新农村建设重大战略性举措的实施正当其时。

二、社会主义新农村建设理论的要求

社会主义新农村建设要按照"生产发展、生活富裕、乡风文明、村容整洁、管理民主"的要求，扎实稳步推进。

第一，社会主义新农村的经济建设，主要指在全面发展农村生产的基础上，建立农民增收长效机制，千方百计增加农民收入。

第二，社会主义新农村的政治建设，主要指在加强农民民主素质教育的基础上，切实加强农村基层民主制度建设和农村法治建设，引导农民依法实行自己的民主权利。

第三，社会主义新农村的文化建设，主要指在加强农村公共文化建设的基础上，开展多种形式的、体现农村地方特色的群众文化活动，丰富农民群众的精神文化生活。

第四，社会主义新农村的社会建设，主要指在加大公共财政对农村公共事业投入的基础上，进一步发展农村的义务教育和职业教育，加强农村医疗卫生体系建设，建立和完善农村社会保障制度，以期实现农村幼有所教、老有所养、病有所医的愿望。

第四章　乡村旅游资源开发与利用的创新发展路径

第一节　乡村旅游商品开发

一、乡村旅游商品的相关内容

乡村旅游商品，简而言之，即围绕乡村，以乡村为主题所开发设计的商品。当代社会，随着乡村旅游的不断发展，乡村旅游商品成为旅游资源开发的新方向与新角度，优秀的乡村旅游商品，将会成为乡村的"名片"，对乡村旅游起到宣传和推广作用。

（一）乡村旅游商品的定义

谈及乡村旅游商品的定义，需要从狭义与广义两个层面分别进行论述。

广义的乡村旅游商品是针对城市旅游商品而言的产品，其特征与城市旅游商品具有相对性，具有浓郁的乡土气息与民族特色。

狭义的乡村旅游商品是指依托农业生产方式与农业生产成果，或农村生活方式而开发的具有乡村特色的商品。

也有学者认为，乡村旅游商品是指伴随乡村旅游而产生的、供消费者购买的、具有乡村特色的旅游商品。我们认为，乡村旅游商品是旅游者在乡村旅游过程中，所能够购买或体验的一切有形的商品和无形的精神感受和服务。它是在乡村旅游兴起的基础上产生的，具有明显的乡村性，在开发旅游商品时，也应当按照自然规律，尊重乡村文化。

（二）乡村旅游商品的特点

乡村旅游商品具有参与性、特殊性、时代性、原生性、情感性、脆弱性等特点（如图 4-1 所示）。

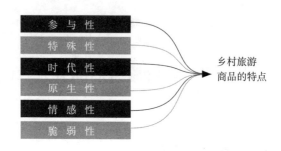

图4-1　乡村旅游商品的特点

1. 参与性

人们选择乡村旅游，很大一部分原因在于厌倦了城市密集的建筑与复杂的人际关系。进入乡村旅游，可以呼吸与城市之中完全不同的新鲜空气，心情也会随之放松。

在这个物质较为丰富的时代，人们的旅游活动的重点在于内在体验，体验感与新鲜感越强，旅游者的积极性就越高，参与性是乡村旅游的重要特点之一。如果缺乏参与性，游客就无法在体验中获得感官与精神上的满足，那么旅游商品也将丧失其价值。所以参与性是乡村旅游商品的主要特点，即为游客提供参与衣食住行各个方面的机会。

2. 特殊性

特殊性指任何旅游商品都有其自身的特性，任何旅游商品与其他产品相比，都具有明显的不同。这种差异和不同游客的主观感受与当地的客观条件都有着密切的联系。在对乡村旅游商品进行设计与开发时，要格外注重商品的差异性，要利用差异性打出自己的"招牌"，重视特殊性，以特殊性来获得更多游客的青睐。例如，陕西延安处于黄土高坡，日照充足，温差较大，当地乡村中所产的狗头枣则是当地的特色商品。

3. 时代性

潮流不是一成不变的，时代也不是一成不变的，在某些特定的时间段，乡村旅游商品会有特定的"风尚"。也就是说，旅游商品的开发要与时代接轨，与时俱进。众所周知，到乡村旅游的游客基本上都是城市人，他们对乡村充满了好奇，游客初次前往，会感觉乡村中的景观、文化都十分新鲜。如果乡村的商品始终不进行创新与变化，则容易引起之后游客的审美疲劳。所以，要将时代性与乡村性进行有机结合。

4. 原生性

乡村旅游商品产自乡村，其中凝聚了农村居民劳动创作的心血与汗水，许多乡村旅游商品具有深厚的历史渊源与文化渊源。如果是在城市之中，其文化环境、自然资源就不利于产生颇具乡土气息的商品。所以，商品必须要出自乡村、产自乡村，具有浓郁的原生性。

5. 情感性

乡村中资源丰富，环境优美，整体氛围十分幽静、闲适，游客在乡村之中会感受到未曾有过的放松，感到心情无比舒畅。游客在游玩期间，购买一件商品，在旅行结束之后，每当看到这件商品，就会想起那段旅行时光，以及旅行时自己的心态。这时，该商品则能够对人产生陶冶性情与愉悦身心的情感性作用。

6. 脆弱性

乡村旅游商品的脆弱性体现在，绝大多数的乡村旅游商品都是当地的特产，如各种农副产品、瓜果蔬菜等。这些商品在乡村中产量较大，收成较好。但是，许多农作物如果离开这片土地，离开乡村中优质的土壤与环境，往往无法取得好的收成，这种对于环境的依赖是其脆弱性的显著体现。

二、乡村旅游商品的基本类型

一般来讲，乡村旅游商品包括特色农产品、民间手工艺品、农村生产生活用品等。

（一）特色农产品

特色农产品，是具有浓郁乡村特色、地域特色的农业产品。由于我国疆域辽阔，跨越了亚热带、温带、热带等气候环境，所生产的特色农产品品种繁多，数量十分庞大。在不同的区域环境下，总会有不同特色的产品。但是，特色农产品受自然条件的制约和影响，产量不稳定，往往不是丰收便是歉收，存在供给与需求之间的矛盾。全国各地的特色农产品有很多（见表4-1）。

表4-1　全国各地的特色农产品表

地区	特色农产品
北京	北京鸭梨、京白梨、北京蜂王精、密云金丝小枣
上海	南汇水蜜桃、佘山兰笋、嘉定大白蒜、张江腰菱
云南	云南山茶花、大理雪梨、苍山杜鹃花
内蒙古	内蒙古哈密瓜、贺兰山蘑菇、黄河鲤鱼
甘肃	康县木耳、甘谷辣椒、临泽红枣、陇南猕猴桃
广西	灌阳红枣、靖西香糯、东南墨米、府州桂花鱼
浙江	金奖惠明茶、平水珠茶、萧山杨梅、龙山黄泥螺

（二）民间手工艺品

民间手工艺品指民间劳动人民，结合当地的风土人情，以自己的手艺生产制作的工艺品，由于不同地区的历史、文化、民俗、审美都存在着显著的差异，因此我国民间手工艺品的种类十分多样。

民间手工艺品在我国有着悠久的历史，属于传统文化的重要载体，是中华民族艺术的瑰宝，具有鲜明的民间性、民族性、文化性、继承性。虽然如今手工艺品在各城市、各网站均有售卖，但是其根源是在乡村之中。手工制作是生产者的艺术，它出自民间，来自乡村，服务于民众，带有物质属性和精神属性。

按照不同的划分依据对民间手工艺品进行分类，可按照材质划分，也可按照制作技艺进行分类（如图4-2所示）。

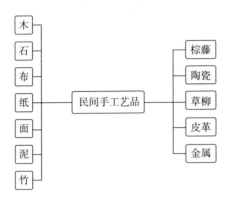

图4-2 民间手工艺品类别

（三）农村生产生活用品

农村生产生活用品指农村人生产制作，并广泛应用于农村人的日常生活与劳作的各种用品。由于这些用品对于城市人较为陌生，因此，许多前往乡村旅游的游客，更愿意购买一件这样的用品留作纪念。例如，麦秆座椅、蒲扇等。

三、乡村旅游商品开发的创新举措

目前，许多乡村已经在旅游领域取得了较为明显的突破，其旅游商品也越发多样，逐渐成为旅游发展的重要手段。下面，我们先来看一下乡村旅游商品的开发现状。

乡村旅游商品的种类、风格与之前相比已经有了较大的创新，在很多乡村中，商品能够有效传播乡村文化，提升其知名度。但是，也有许多乡村仍存在一些问题。一方面，一些乡村旅游商品尚未推出自己的品牌，乡村人不够重视品牌建设，缺乏品牌意识，这就导致商品缺乏品牌效应，在推广与宣传方面较为困难；另一方面，一些乡村旅游商品包装与售后存在不足，所以只对商品进行简单包装，许多甚至都没有包装。但是，城市居民往往认为购买商品时，给人第一印象的是包装，如果包装比较心仪，那么其购买欲就强烈。另外，农户对于商品的生产加工过程较为松散，不够体系化，这就导致商品数量较少，有时也会受到季节条件的限制。

针对上述问题，对乡村旅游商品的开发进行创新，有助于创立乡村旅游商品的品牌，增强品牌推广力度，提高其社会认可度，从而提高旅游商品的销售量。

（一）商品开发要注重个性化，寻求差异化销售

商品的个性化是其存在和发展的基本要求。就乡村旅游商品而言，最重要的是要体现出"乡土"味道，尽量避免流程化、大众化、同质化，要体现出本村特色，使其具有独特魅力和价值，塑造本村品牌。例如，年画是中国众多农村手工艺产品之一，但山东高密剪纸是扑灰年画，杨家埠的是木版年画。即使同样是木版年画，天津杨柳青、苏州桃花坞、四川绵竹的年画与杨家埠的年画也不同，这就是突出了产品的个性化。

（二）商品开发要注重体验性与参与性

一方面，旅游商品的制作过程可以增加游客的参与度，提升游客的体验感，让他们感受购买商品并不只是购买这样一个环节，还有许多趣味性的活动可以体验，用亲身经历诠释自己理解的乡村旅游；另一方面，在线上提升游客的参与度，要利用信息技术在网络上创办网站，开设论坛。这样，既有助于宣传和推广乡村旅游商品，便于今后的销售活动，又有助于游客在互联网上与商户沟通，交流合作意向，或者收集对于商品开发设计有益的创新思路。

（三）提升乡村旅游商品的文化性

旅游商品除了是商品外，还是文化的承载体，正因为其包含的文化底蕴，它才有了更大的价值。可以说，文化是旅游商品的灵魂，而旅游商品是文化的具体体现与传承。游客在购买商品时十分清楚这一点，他们往往希望对商品所蕴含的文化内容有更加深刻的认知，所以旅游经营者可以在生产旅游商品时设计一份具有创意性的商品文化介绍手册，既提升了商品的档次，又传播了其文化性。

（四）培养村民对乡村旅游商品的品牌观念

中国自古就存在着各种绝活儿、手艺，许多曾经活跃在社会中的民间手艺人，如今却面临着手艺失传的境地。之所以会出现这种情况，是因为缺乏品牌意识，没有认识到品牌的重要性。这就造成人们对许多以传统文化为内涵的旅游商品缺乏了解，认知度较低。这就要求乡村旅游商品必须要打造出自己的品牌，品牌是技艺人手艺的象征，是产品品质、信用、文化的象征，是商家对于客户的一种承诺。

所以，乡村旅游商品的开发与营销必须要致力于打造品牌，要成立专门组织，采取现代化的管理理念与连锁经营的模式，拓宽销售领域。例如，注册商标；拓宽宣传渠道；选择优质包装；与其他活动或会议合作，促进活动与商品的互相"借势"；等等。

第二节　乡村农产品生产

一、乡村农产品的相关内容

农产品是指农业活动所生产的各种物品，较为常见的包括高粱、玉米、花生以及各个地区的土特产。

（一）农产品简介

在乡村旅游中，优质的农产品是旅游资源的加分项，能够为乡村吸引更多的游客，而游客越来越多，势必会提升乡村的知名度。

农产品的特点为鲜活性、多样性、季节性、区域性等。鲜活性，是说判断农产品（尤其是食品类）优质与否，先要看其是否新鲜，一般刚刚采摘下来的各种水果蔬菜最为新鲜，具有城市中各超市商店所不具备的优势；多样性，指不同乡村由于不同的环境，所产出的农产品也存在着明显的不同，这体现出明显的多样性；季节性，指农产品受季节影响显著，不同的季节会有不同类别的产品；区域性，指即使是相同的农产品，假如生产或种植于不同的地区，也会有不同的结果，如"橘生淮南则为橘，生于淮北则为枳"。可见，农产品既具有复杂性，又能在一定程度上为乡村吸引游客，因此进行农产品方面的创新，无疑至关重要。

（二）农产品的类别

根据加工程度的不同，有关部门将农产品分为初级农产品与加工农产品。初级农产品又可分为许多类别（如图 4-3 所示）。

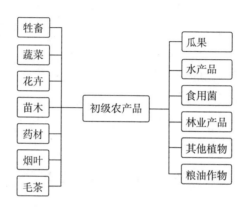

图 4-3　初级农产品

二、乡村农产品的创新举措

创新是产业发展、民族进步源源不断的动力，在新时代，创新变得更加重要。在农产品的生产开发与推广营销上，要力图创新，以优质新颖的农产品吸引外来游客，加深他们对乡村旅游的印象，并以此吸引他们再次前来旅游。

（一）乡村农产品开发创新

农产品开发创新，指对农产品进行开发、改进、改型，通过更新品牌、创新产品线、明确产品定位等，促进传统产品转型，从而使其满足人们的需求，并有效提高其旅游竞争力，吸引游客。

1. 做好良种开发

良种，指农产品的优质植物种子，在数量上与质量上均明显优于普通种子。良种开发，就是要培养、开发、创新优质植物品种，以使它们在未来的种植过程中，取得更加优质的果实。

2. 做好栽培开发

相同的植物和种子，假如栽培技术不同，所收获的结果也就不同，因此，要开发和创新栽培方式，提升产品的品质。例如，无土栽培的蔬菜口感会比一般的蔬菜要好，如果游客在农家乐品尝到这种蔬菜，就很可能会选择购买并带走一些，这就增加了乡村旅游产业的收入。

3. 做好养殖开发

如上所述，养殖技术也是如此，如果使用更加优质的饲料，运用更加科学的饲养方式，牲畜的口感就会大有不同。从微观角度来看，其中所包含的脂肪、蛋白质、微量元素也会更加丰富。

4. 做好产品深度加工开发

绝大多数农产品，均以不可直接食用的方式进行售卖，以保持其新鲜性。例如，刚刚采摘下来的蔬果。如今城市居民的生活节奏越来越快，有时并没有充足的时间对其进行制作与加工。所以，农产品也应当适当进行创新，促进部分农产品由未加工向深加工和精加工转变，如将水果制成水果干，将牛肉制成牛肉干。

（二）乡村农产品营销创新

做好农产品的开发创新之后，还要在营销推广方面下功夫，合理的营销方案，创新的营销策略，可以为原本平平无奇的产品赋予强烈的吸引力，从而吸引更多的游客前来。

1. 做好品牌开发

在乡村中，很多人都缺乏品牌意识，他们认为品牌对于产品的营销没有任何推动作用，"只有东西好才是硬道理"。虽然这种看法有一定的道理，但是，在当今这个快节奏的社会，品牌能够给消费者以信任感。消费者更倾向于购买有品牌效应的产品，这对他们是一种保障。所以，要对农产品进行品牌开发，设计品牌标识，申领品牌，并进行数据归纳，针对游客的喜好，对品牌、商标进行再设计、再创新。

2. 做好包装设计

近年来，在农产品交易中，一些"原汁原味"的产品，因为"颜面不美"而难以售卖，有的甚至大甩卖，即使这样，许多游客还是"瞧不上"。

事实上，那些"土里土气"的农产品，只要稍加"打扮"，"丑婆娘"就能变成"俊媳妇"，影响力也将明显提升。

创意农产品不但产品种类、品质要有创意，而且其包装也要具有创意，体现其个性化、时尚化、品牌化。这样，既可以提升农产品的附加值，又能够增强其在市场上的竞争力。

第一，包装要尽量弥补产品的不足，凸显产品的优势，但这也并不意味着"自卖自夸"和"谎报信息"，而是一种对产品优势的宣传。

第二，包装要尽可能简洁大方，避免过于浮夸。农产品本身就产于乡村，设计如果过于前卫，再加上游客的常规印象，就会给游客一种"东施效颦"的感觉，最后只能是"土不土、洋不洋"。主要是干净、整洁、大方，并能适当凸显其特点即可。

第三，包装要凸显品牌。想要打开销路，做好推广，就必须开发品牌。形成品牌后，其包装要明确体现出品牌的相关信息，如品牌的名称、品牌的标识等内容。

3. 开发农产品认养模式

所谓农产品认养，指的是农场经营者发起旅游者个人或旅游者群体认养一头/株农产品（植物、动物），根据认购的农产品性质，采取不同的形式享受认养的乐趣，最终收获自己种植/养殖的优质产品。认养的农产品不仅可以是家禽、家畜类可食动物，还可以是谷物蔬果类、乡村旅游服务类等。

所谓"砍柴不误磨刀工"，想要自家农产品销量可观，不能仅靠营销模式的创新，还要做好前期的准备。例如，提高产品品质、对产品进行包装、系统的产品规划等，否则，即使有好的营销模式，也难以维持农产品的长久经营。

第五章　我国未来乡村旅游资源
开发与利用展望

第一节　乡村旅游与现代农业融合

一、现代农业的基本内容

现代农业在当代社会有着极为重要的价值和意义，有利于加快产业升级，解放和发展农村生产力，解决就业问题，促进城乡协调发展，提升农村经济效益，更为乡村旅游资源开发提供了新的思路与借鉴。

（一）现代农业的内涵

现代农业是用现代工业装备、现代科学技术和现代管理方式逐渐发展成的农业体系。现代农业产生于资本主义工业化时期，工业革命为现代农业提供了大量的科技基础与物质保障，到 20 世纪中叶，世界上越来越多的国家开始广泛应用现代农业技术，这时，现代农业开始进入成熟期。

现代农业是健康农业、绿色农业、智慧农业、观光农业、循环农业的统一，是田园综合体和新型城镇化的统一，是农业、农村、农民现代化的统一。

（二）现代农业的发展目标

现代农业与传统农业最大的不同在于现代农业有着更多更高层次的目标，更加适应当代社会的发展趋势。其发展目标包括如下几个方面（如图 5-1 所示）。

图 5-1　现代农业的发展目标

1. 安全化

安全化指现代农业要在安全的前提下进行生产，具体包括数量安全和质量安全。

2. 规模化

规模化指单个经营主体或单一农业品种的生产不能产量过少，一定要具备一定的规模，只有这样，才能够保障效率与效益得到不断提升。

3. 组织化

组织化指农业生产全过程各组织之间的协同。这也是家庭制度、规模需求、风险条件等因素共同作用的结果。

4. 产业化

产业化指农业要具有一定的规模，并且成体系化。这代表着农业的发展方向，更是其提升竞争力的重要方式。

5. 标准化

标准化要求运用"统一、简化、协调、优选"原则，以先进的生产技术和成熟的经验指导农业生产，形成农业标准，并通过标准的制定和实施，对农业全产业链各个环节进行标准化生产和管理。

6. 设施化

设施化指运用工程技术手段进行农业生产，以更加省时省力的方式解决曾经需要用人工解决的问题，当然，这对设备的数量与质量有着更高的要求。

7. 装备化

装备化指利用大量的机械设备，结合生物技术与农艺技术进行农业生产，能够有效提高生产率，但是，我国的装备化进程仍有待推进，需要将大量中低端产品转型成为更加现代化的设备，以满足农业生产发展的需要。

8. 智能化

智能化包括育种育苗、植物栽种管理、土壤及环境管理、农业科技设施等多个方面的程序化和计算机软件的参与。随着各种智能技术的不断进步，这类高新技术在现代农业中的应用将会越来越广泛。

9. 品牌化

绝大多数的农业生产模式都尚未形成自己的品牌，缺乏品牌效应是它们最明显的短板。广大村民对于品牌效应以及品牌的打造知之甚少，这就使得许多十分优质的现代农业产业模式"无人问津"。未来的农业生产，应当朝着品牌化方向发展，可靠的品牌往往能够起到更好的宣传效果。

10. 绿色化

未来的农业技术发展，必然要把绿色化放在重要位置，任何与可持续发展相违背的发展方式都终将被淘汰。绿色化农业的优势是节约能源、节约资源、节约资金、精耕细作、人畜结合、施有机肥，不造成环境污染，这与我国目前的生态观与环境观不谋而合。在社会主义现代化的伟大进程中，我们不仅要大力发展社会主义经济与政治，努力构建优质的社会主义文化环境，更要兼顾生态环境的保护与发展。要把农业放在可持续发展的重要位置，以"绿色"作为农业发展准则，争创绿色可持续新农业体系。

二、乡村旅游与现代农业的融合与创新

（一）大地景观与生态治理的融合

在生态治理的过程中，应将生态保护与修复和农业景观建设结合起来，不仅要恢复自然美，还要体现人工美。需要有效利用国家制定的生态补偿制度，加大农村生态恢复、保护、建设的力度，在生态恢复治理的过程中，因地制宜，兼顾休闲农业、观光农业、森林旅游、草原旅游、文化旅游和生态休闲度假产业等旅游休闲功能，以乡村景观的改善优化乡村资源结构，提高乡村地区对城市客源市场的吸引力，为乡村旅游品牌的打造和健康发展，提供良好的基础条件。

在乡村景观的打造过程中，要把现代化的技术手段与景观设计理念相结合，构建乡村生态、生产、生活、休闲等多种功能相统一的景观系统，

用溪流河谷、湖泊、风土民情、方言、生活方式等要素共同打造板块多样性、类型多样性、格局多样性等景观。

在乡村景观的打造过程中，既要用"环境兴游""生态兴游"的观念，兼顾农业和旅游业的功能，也要在文化遗产的传承和现代生活的便利中取得平衡，使农业景观成为农村经济发展的"乡村资本"。

（二）社会主义新农村建设与乡土风情的融合

在社会主义新农村建设过程中，既要采用现代的建设技术，也要用现代的理念传承和保护乡土风情，通过挖掘地域文化内涵，将民族村寨、古村古镇的有效保护与科学利用统一起来，发展有历史记忆、地域特色、民族特点的旅游村镇。

乡村旅游开发建设要坚持规划的引导，在保持传统乡村风貌的前提下推进农村人居环境整治，避免出现以地产为导向、人为建造与乡村景观隔离和与传统文化背离的现象。要在社会主义新农村建设的过程中，依托当地特有的景观风貌、风土人情，将乡村文化的保护与资源的可持续利用统一起来。

第二节　乡村旅游跨产业、跨领域融合

一、文化旅游产业与乡村旅游融合

当前，我国旅游发展进入文旅新时代，文旅产业对传统产业结构转型起到推动作用，以文化为核心，发挥旅游的拉动作用，推动乡村振兴，助力区域经济腾飞。

国家统计局的数据显示，2018年，国内旅游总人次达32.46亿，比上年增长了12.8%。这说明，旅游成为大众生活的组成部分，进一步兴起社会主义文化建设的新高潮，我国的文化旅游产业发展已进入新常态。

第一，文旅产业是乡村旅游发展的新引擎。文旅产业是推进乡村旅游的新兴产业手段，发展文旅产业有利于充分挖掘传统文化的价值，更好地传承乡土文化，改善乡村环境，打造生态宜居空间，有助于丰富乡村的乡风文化，通过特色文化旅游发展为乡村旅游注入新的活力。

第二，文旅产业带动乡村消费，使乡村旅游提速发展。我国文旅产业能够有效集聚人群，而农业是第一产业，加速农业创新，可以推动乡村休闲旅游新业态的发展，促进各类消费升级，不断延伸产业链条，发挥文旅产业的带动作用，带动旅游业大步向前发展。

第三，文旅产业有助于乡村旅游深度发展。文化建设是乡村旅游的重要组成部分，结合乡村非物质文化遗产资源，挖掘深层次的文化内涵，再进行多元创新融合，展现乡村文化特色，构建既能体验又能传播和传承的产业发展格局，实现文旅和乡村旅游二者的深度融合发展。

二、农村电商平台与乡村旅游融合

推进乡村旅游与农村电商融合发展，依托电商渠道，集合不同地区的乡村旅游资源，实现目的地资源与市场的精准对接，不但能丰富乡村旅游的内容与形式，助力乡村旅游发展，而且可拓展当地农特产品的销售渠道，带动农业、服务业等产业的快速发展，具体可以从以下三个方面着手。

（一）顶层设计，出台政策

顶层设计的核心思想是强调从系统的角度出发，统揽全局，统筹考虑融合发展的各要素、各层次。

顶层设计要注重总体规划与实际需求的紧密结合，站在乡村振兴的高度，合理规划各类资源，使资源的效能得到最大限度的发挥。

要注重顶层决定性，即采用自上而下的方式，由整体到局部，突出核心理念与整体目标，强调集中有效资源，高效快捷地实现目标。

要注重整体关联性，使乡村旅游与农村电商融合发展中涉及的各要素、各实体围绕实现目标形成有效的关联、匹配和衔接。

要注重可操作性，目标要明确，实施思路要清晰，且具有较强的可操作性。同时，乡村旅游与农村电商融合发展是跨产业、跨领域的有效联动，为保证融合发展的有效性及可持续性，政府必须出台相应的政策加以引导和扶持，从而激活动能，达到预期目标。

（二）合理融合，不断创新

乡村旅游与农村电商融合发展的关键问题之一是选择有效的融合模式。目前主要的融合模式有乡村旅游主导模式及农村电商主导模式。其中，乡村旅游主导模式是以大力发展乡村旅游为主，并将农村电商渗透其中，此模式适合乡村旅游发展基础较好的地区。

通过该模式的推进，一方面，乡村旅游的内容更加丰富，可以增加游客的体验感与参与性；另一方面，农村电商平台大力宣传乡村旅游资源，可以实现相关旅游产品及服务的网上预订与个性化定制，同时带动农特产品的销售，提高当地农特产品的知名度与销量。

农村电商主导模式是以大力发展农村电商为主，并将乡村旅游渗透其中，适合农村电商发展基础较好的地区。该模式可通过网络大力宣传当地乡村旅游项目，以农村电商的优势带动乡村旅游业的发展。

（三）多方统筹，项目设计

乡村旅游与农村电商融合发展的基础是要依据当地的特色与优势，设计出融观光、休闲、度假、体验、购物等为一体的乡村旅游项目。

乡村旅游项目的设计要强调乡村性。乡村旅游项目设计要充分利用乡村原始的自然风貌、淳朴的民俗民风、新鲜绿色的农特产品形成差异化，从而吸引更多的游客。

乡村旅游项目的设计要重视体验性。参与乡村旅游的游客绝大部分来自于大城市，其旅游的主要目的是感受与体验农村地区独具特色的传统文化及农业活动所带来的乐趣。因此，乡村旅游项目要将农业休闲化，让游客在播种、浇水、除草、采摘等过程中体验劳动的乐趣，做到真正地身心放松。

乡村旅游项目的设计要重视旅游资源的可持续性。乡村旅游目的地的自然及人文景观都代表了地方的特色，是开展乡村旅游的核心资源，因此，要站在战略的高度，注重其发展的可持续性，避免过度开发与利用。

第三节　乡村旅游与创新发展理念融合

一、创新发展乡村旅游产品

　　乡村旅游产品包含的内容较为丰富，除了人们一般意义上所认为的各种旅游商品之外，还包括各种旅游资源，如自然旅游资源、人文旅游资源等。所以，我们对乡村旅游产品进行创新，无疑是进行乡村旅游发展的关键。

（一）加强旅游服务能力建设，全面提升旅游服务管理水平

　　要从标准入手，规范乡村旅游服务水平。制定乡村旅游服务标准，对乡村旅游服务质量提出明确要求，发挥乡村旅游标准的导向作用，提升全市乡村旅游整体服务管理水平。同时，加强对乡村旅游产业各类人才的培训，培育新型农民，促进旅游产业健康发展，逐步建立健全乡村旅游人才教育培训体系。

（二）加强宣传营销，全面提升乡村旅游景区的知名度

　　对于绝大多数的城市人来说，一提及乡村旅游，映入脑海的一般是果园采摘、农家乐、农家饭等活动。这对于许多年轻人没有任何的吸引力。事实上，如今的乡村旅游已经变得"五花八门"，有着各种各样的形式，能够满足游客的不同喜好。例如，喜欢人文旅游的游客可以在乡村中找到那些饱经沧桑、具有历史文化意蕴的古建筑、古民居、古村落；喜欢自然景观的游客可以在乡村和田野间，尽情缓解在大城市中无法舒缓的

压力。所以，有关部门要策划好营销战略，精心策划并打响乡村旅游品牌。

同时，要针对客源市场进行精准宣传营销，对主要客源市场持续加大宣传投放频次。另外，还可以在新兴旅游媒体上推送旅游品牌的相关内容，以提升其知名度。

二、文创产业与乡村旅游融合创新

乡村旅游要与文化创意产业相融合。融入文化创意产业，可以让乡村旅游的发展越来越好，实现乡村旅游全新元素的发展。

21 世纪，人们对于互联网的应用愈发广泛，人们的生活水平也不断提高，这些都推动着旅游的发展。为了适应当前的"互联网＋旅游"的模式，乡村旅游的发展需要持续转型和升级，需要通过多种方式实现乡村旅游的再发展。这就需要通过多种驱动元素的融合以及与科学技术的融合来实现乡村旅游的特色化，需要旅游与文创产业创新融合。

（一）构建产业园助力文化融合创新

要努力构建乡村旅游文化产业园，助力各种文化和产业融合。旅游文化生态资源和人文遗产是乡村旅游文化产业园建设的重要资源。要想打造出乡村旅游文化产业园，必须要凸显产业园的特点。这种特点多是由文化体现出来的，要把所有的优秀文化集聚到一起加以整合创新，形成园区的独特文化。对于乡村旅游来说，可以把当地的民俗文化一一整合，形成极具特色的文化部落，以吸引旅游者前来游览。

（二）助力文创产业与乡村旅游产品的融合

通过文创产业与乡村旅游的融合发展，达到发展乡村旅游产品的目的。

第一，乡村旅游产品自身具有文化特点，在这一基础上，结合当地的特性，运用文创产业的相关技术对其进行创新，可以放大其自身的特性与优势，并为之附加一些特殊的价值，彰显其独特的魅力。

第二，文创产业要为旅游产品注入新的发展力量，将很多"新奇的""多功能"的创意内容注入旅游产品中。这样，不仅可以满足旅游者在购买产品留作纪念时对产品的需要，还能够使消费者在需求满足之后，获得更强的体验感。

　　总之，今后乡村旅游的发展，应当时刻跟随时代发展的脚步，与时俱进，要想实现乡村旅游的可持续发展，就要抓好"创新"这一秘诀。

参考文献

[1] 刘玉堂，徐德宽 . 炎黄文化与乡村旅游 [M]. 武汉：华中师范大学出版社，2018.

[2] 熊剑平，余瑞林，刘美华 . 湖北乡村旅游发展研究 [M]. 北京：旅游教育出版社，2019.

[3] 杨述明 . 乡村旅游与后乡村治理 [M]. 武汉：湖北人民出版社，2018.

[4] 周丹敏 . 乡村旅游目的地营销中的政府行为评价研究 [M]. 南昌：江西高校出版社，2020.

[5] 安光义，柳瑞武 . 乡村旅游服务培训教程 [M]. 石家庄：河北科学技术出版社，2016.

[6] 张碧星 . 城镇化发展过程中的乡村旅游经营管理研究 [M]. 北京：中国商务出版社，2019.

[7] 刘娜 . 人类学视阈下乡村旅游景观的建构与实践 [M]. 青岛：中国海洋大学出版社，2019.

[8] 姚海琴 . 我国乡村旅游业发展的就业特性影响与效应研究 [M]. 北京：机械工业出版社，2018.

[9] 中国人民政治协商会议甘肃省会宁县委员会 . 大沟深处杏花村　厍弄公益乡村旅游 [M]. 兰州：敦煌文艺出版社，2018.

[10] 黄顺红 . 乡村旅游开发与经营管理 [M]. 重庆：重庆大学出版社，2015.

[11] 周培，周颖 . 乡村旅游企业服务质量理论与实践 [M]. 成都：西南交通大学出版社，2016.

[12] 李龙，宋徽 . 旅游创业启示录　互联网 + 时代的乡村旅游创客 [M]. 北京：旅游教育出版社，2017.

[13] 林新河 . 乡村旅游培训手册 [M]. 南宁：广西科学技术出版社，2014.

[14] 北京市旅游业培训考试中心 . 乡村旅游行业管理 [M]. 北京：旅游教育出版社，2014.

[15] 郭光磊 . 北京市休闲农业与乡村旅游发展研究 [M]. 北京：中国言实出版社，2017.

[16] 魏遐，林枫 . 乡村旅游的典范　顾渚村 [M]. 杭州：浙江工商大学出版社，2013.

[17] 涂同明，涂俊一，杜凤珍 . 乡村旅游电子商务 [M]. 武汉：湖北科学技术出版社，2011.

[18] 尹华光，蔡建刚 . 乡村振兴战略下张家界乡村旅游高质量发展研究 [M]. 成都：西南交通大学出版社，2018.

[19] 《乡村旅游开发及经营实用手册》编委会 . 乡村旅游开发及经营实用手册 [M]. 天津：天津人民出版社，2015.

[20] 陈灿，黄璜 . 休闲农业与乡村旅游 [M]. 长沙：湖南科学技术出版社，2018.

[21] 王莹 . 乡村旅游公共服务市场化供给研究 [M]. 杭州：浙江工商大学出版社，2016.

[22] 北京市旅游业培训考试中心 . 乡村旅游发展基本原理 [M]. 北京：旅游教育出版社，2013.

[23] 张文磊，梁文清，彭远森 . 乡村旅游与乡村酒店——贵州省第三届乡村酒店发展论坛文集 [M]. 成都：西南交通大学出版社，2016.

[24] 王莹 . 乡村旅游公共服务市场化供给研究 [M]. 杭州：浙江工商大学出版社，2015.

[25] 刁志波 . 黑龙江乡村旅游发展与创新研究 [M]. 北京：旅游教育出版社，2014.

[26] 付明星 . 现代都市农业——休闲农业与乡村旅游 [M]. 武汉：湖北科学技术出版社，2012.

[27] 雷晚蓉 . 乡村旅游资源开发利用研究 [M]. 长沙：湖南大学出版社，2012.

[28] 孙泽笑，赵邦宏，秦安臣，等 . 生态脆弱区乡村旅游可持续发展测度及影响因素分析——以昆明市东川区为例 [J]. 生态经济，2022，38（3）：157-163，170.

[29] 姚宁萍 . 科学发展乡村旅游与助力乡村振兴的对策思考 [J]. 豫章师范学院学报，2022，37（1）：118-122.

[30] 宋增文，陈瑾妍，贺剑，等 . 乡村产业振兴背景下资源依托型特色村乡村

旅游发展路径研究——以祁杨村为例 [J]. 中国农学通报，2022，38（6）：158–164.

[31] 刘子涵，蔡杰，姚林希. 文化软实力视域下中国体育舞蹈竞赛新阶段面临的挑战与对策 [J]. 青少年体育，2022（2）：131–134.

[32] 崔林. 乡村振兴背景下的陕西乡村旅游发展分析 [J]. 辽宁农业科学，2022（1）：65–68.

[33] 邵志明. 乡村振兴背景下乡村旅游餐饮优化发展研究——以上海市郊乡村为例 [J]. 湖北文理学院学报，2022，43（2）：10–15.

[34] 官春莹. 乡村振兴背景下乡村旅游与"四在农家"建设的耦合作用研究——以余庆县红渡村为例 [J]. 经济研究导刊，2022（5）：29–31.

[35] 刘晓梦，曾江辉. 文旅融合视域下乡村旅游核心竞争力研究——以湖北省荆州市为例 [J]. 安徽农业科学，2022，50（3）：125–127，132.

[36] 杨晶晶，陶冶，杨未一，等. 环境设施设计提升城市文化软实力策略研究——以泰州为例 [J]. 美与时代（城市版），2022（1）：109–111.

[37] 于桐. 乡村振兴战略背景下鞍山乡村旅游创新发展路径研究 [J]. 中国集体经济，2022（6）：136–137.

[38] 余欢，郝祯. 文旅融合视域下乡村旅游创新发展研究 [J]. 旅游纵览，2022（1）：99–101.

[39] 王茗. "互联网+"扶贫背景下乡村旅游电商创业人才孵化模式创新研究 [J]. 中外企业文化，2021（12）：116–117.

[40] 时宇宁. 乡村振兴战略背景下乡村旅游创新发展路径研究 [J]. 当代农村财经，2021（12）：46–49.

[41] 孙英. 旅游文化视角下乡村旅游创新发展的思考 [J]. 农村·农业·农民（B版），2021（11）：48–49.

[42] 周少卿. 新时期乡村生态旅游发展创新实践探索 [J]. 核农学报，2021，35（12）：50–51.